KB195325

2025년은 여기 예정된 이 종목에
주식인생을 걸어라

2025년은 여기 예정된 이 종목에 주식인생을 걸어라

초판 1쇄 발행일 2025년 1월 10일
초판 2쇄 발행일 2025년 1월 13일

지은이 차길제
펴낸이 최길주

펴낸곳 도서출판 BG북갤러리
등록일자 2003년 11월 5일(제318-2003-000130호)
주소 서울시 영등포구 국회대로72길 6, 405호(여의도동, 아크로폴리스)
전화 02)761-7005(代)
팩스 02)761-7995
홈페이지 http://www.bookgallery.co.kr
E-mail cgjpower@hanmail.net

ISBN 978-89-6495-314-3 03320

주식의 역사는 반드시 되풀이 된다.
2025년은 인고의 시간 끝에 찾아오는 '이 종목'이
완전한 투자 기회다. 대한민국 누구도 예측 못한
끝장보기 불기둥은 딱 6개월, 여기서 기적을 보라. 인생판이 바뀐다.
지금 주식투자자라면 꼭 필요한 이 책!

2025년은
여기
예정된 이 종목에
주식인생을
걸어라

차길제 지음

돈을 부르는 '차길제의 주식투자 이야기'

주식투자로 부자가 되어보고 싶은가요?
여기, 33년 주식쟁이의 초특급 핵심비밀을 꼭 들어보라.

25년, 가슴 뛰는 주가를 맞이할
준비가 되어있습니까?

주식하는 여러분은 지금,

2025년 가슴 뛰는 주가를 맞이할 준비가 되어있습니까? 당신은 이 책을 보는 순간 어쩌면 '주식인생'에서 가슴이 벅차오르는 감동을 받을 수 있을 것입니다.

대한민국 주식판을 손금 보듯 정확히 꿰뚫어 보는 필자의 수많은 경험이 투자자 여러분들 마음을 끝없이 설레게 할 것이다. 나는 날마다 이렇게 외친다. "주식아, 폭락하라." 그래야 큰 기회를 잡는다. 물론 장기 보유종목도 많다. 하루 8시간 이상 주식만 생각하고, 주식 세상을 상상하며, 플랜 A, B로 짜여진 순서에 따라 뜨는 종목을 집중적으로 공략하고, 본격 상승으로 판단되면 과감히 불타기가 시작된다. 또한 차기 오를 종목을 끊임없이 연구한다.

필자는 새벽 5시 눈 뜨면 가슴이 설렌다. 오늘은 어떤 종목이 나를 춤추게 해 줄까. 어느 날부터 나의 눈에 투자의 방향이 10차선으로 뻥 뚫려 환히 보이기 시작했다.

나는 매일 한바탕 주식시장을 즐긴다. 장이 시작되는 9시부터 10시까지 딱 1시간 주식 재미에 빠져든다. 치고받는 초단기 매매는 분명 도박수준으로 봐야 하고 재미있다. 손실이 생겨도 기분이 좋다. 나는 주식이 가는 길을 알기 때문에 별걱정 없다. 사실 나에겐 주식이 친구고 일상이 된지 오래며 심한 '중독쟁이'이다.

누군가 이렇게 말했다. "앞으로 전망이 밝은 좋은 주식, 좋은 집, 좋은 땅 사면 파는 게 아니야." 이 말을 실천에 옮기기는 정말 어렵다. 사실 내 주식투자는 모질게도 끊지 못하고 지겹도록 동행하고 있다. 어쩌다 노후에 나의 직업이 되었을 줄이야.

주식을 오랜 세월 하면서 수많은 전문가의 말과 각종 매스컴에 오르내리는 정보, 대가들의 책도 많이 읽어보았지만, 주식을 정확히 아는 사람은 없다고 본다. 나름 주식을 좀 안다는 사람들은 종목을 선정할 때 수급(거래량)과 차트를 보고 지지와 저항선을 보고, 각종 보조지표를 보면 얼추 올라갈 건지 내려갈 건지 알 수 있다. 그러나 사람의 마음을 감쪽같이 속이는 게 바로 수많은 정보와 데이터들이다. 이런 정보와 데이터들이 개미들의 심리를 어찌 그렇게 잘 읽고 있는지…… 끝없이 애를 태우는 게 주식이다.

그래서 필자가 내린 결론은 주식투자는 시소게임이라고 생각한다. 즉 많이 올라가면 다시 내려오고, 심할 정도로 빠지면 다시 올라가는 게 주식이다. 주식의 진정한 바닥은 누구도 모른다. 어떤 투자자는 5일선에서 올라간다고 하고 누구는 10일선, 또 누구는 20일, 60일선에서 반등이 들어온다고 하지만 꼭 그렇게 된다는 보장이 없다.

주식은 어느 종목이든 세력이 있는데 그들 세력 의도에 따라 돌연변이가 되어 상상을 초월할 정도로 올라가는 주식이 있고 아무리 좋은 종목도 끝도 없이 추락하는 주식이 있다. 그러므로 우리 개인 투자자는 정신 똑바로 차리고 매의 눈으로 관찰하고 공부하는 길밖에는 별다른 방법이 없다.

투자를 하다 보면 수도 없이 많은 실수가 나오게 되고 잘못된 판단으로 잠시 만에 큰 손실을 볼 수도 있다. 솔직히 속이 많이 쓰리지만, 그 속에서 새로운 투자방법도 배우게 된다. 주식은 콕 찍어 맞출 수 없다. 그래서 주식투자는 종목 맞추기 게임이 아니다. 안정적으로 고성장하던 기업이 어떤 이유로 주가가 현저히 싸졌을 때 매수하여 성장이 고점 칠 때쯤 보유주식을 매도하면 된다.

결론은 눈앞의 시세만 바라보는 조급하고 근시안적인 닭 같은 투자자가 아니라 10리 밖을 내다보는 독수리의 눈을 가진 투자자가 되어야 한다는 말이다.

2024년 가을

차길제

재미로 보는 베트남 주식

제1장

주식투자의
새로운 정석

왜, 2025년에는 이차전지에만 주목해야 하는가. 화려한 전기차 시대는 지금, 출발 직전에 있다

2025년부터는 전기차가 대중화로 급격히 빨라진다.

따라서 배터리 핵심 소재주들은 상상 못 할 정도로 오른다. 전기차 시대의 진정한 출발은 25년부터 시작이고, 25년 상반기부터 26년은 세계 모든 자동차회사들이 일제히 신차를 쏟아낸다. 이미 세계 굴지의 자동차회사들이 작년에 계획을 발표하고 준비에 들어가 있다. 그렇다면 배터리 기업은 풀가동이 시작될 것이고 배터리의 주재료인 양극재 기업과 전해액 등 기업의 실적이 폭발하는 시기라고 볼 수 있다. 진짜 이차전지에서 꽃이 핀다.

하여 투자하는 입장에서 어떤 기업을 지금부터 눈여겨보고 사모아야 할까. 사실 이 글을 쓰고 있는 24년, 올해는 이차전지 관련 주식은 기대를 접어야 했다. 전기차 캐즘(Chasm, 일시적 수요둔화)에 화재까지 수많은 노이즈 악재가 매달 터진다. 한편으로 생각해 보면 작년(23년) 전기차

가 대세로 뜨면서 기대가 너무 커 모든 주식이 작게는 두 배, 또 10배 이상 폭등했으니 당연히 올해(24년)는 쉬는 게 당연하다. 많은 사람이 전기차에 대한 기대로 벌써 살 사람은 1차로 어느 정도 구매했다고 보여지고, 그러다 보니 일시적인 수요둔화가 발생했다.

자동차회사들도 24년을 재정비하는 시간을 갖고, 25~26년을 신차 출시와 함께 전기차 시대 선점을 하기 위해 역량을 집중하는 첫해로 봐야 한다. 자, 주식에 투자하는 우리는 무엇을 언제 준비해야 할까? 늦어도 24년 가을까지(10~11월) 2차전지 핵심 유망주를 발굴하고, 약 5~6가지 종목을 1차로 선정하고, 차근차근 분할로 매수하여 내 포트폴리오(Portfolio)에 모두 채워 놓아야 한다. 물론 25년 시장을 보면서 재정비할 수도 있겠지만 가능한 최종 선택한 3~4개 종목을 계속 보유하면서 상승세를 타기 시작하면 돈이 생기는 대로 '불타기'를 하며 수익 극대화로 가야 한다.

유망기업을 파헤쳐 보자.

엔켐 : 전해액 기업으로 24년에 비해 25~26년이 되면 여기저기 짓고 있는 공장이 완성되면서 매출과 영업이익이 3~5배 가장 늘어나는 것으로 회사에서 말하고 있다. 갑자기 기업이 커지면서 운전자금이 일시적으로 부족하여 전환사채 등을 많이 발행, 24년 상반기 현재 고점 대비 반토막 수준까지 하락 중이다. 앞으로 16만 원 이하에서 분할로 사 모으면 대박이 보인다. 25년 1차 예상 주가는 35만 원이다.

포스코퓨처엠 : 2차전지 투자하는 사람은 다 아는 기업이다. 돈이 많은 포스코홀딩스가 뒤에서 왕창 밀어주고 있고 현재 공식적인 수주 잔액만 100조가 넘으며 짓고 있는 공장 캐파가 장난이 아니다. 한마디로 말해서 화려한 앞날이 보장된 기업으로 봐도 된다. 문제는 시간이다. 사실 주식 투자 본질은 종목 맞추기가 아니고 시간에 투자하는 것이므로 19만 원 이하부터 하락 시마다 적극적으로 모아두면 분명히 대박이 예상된다. 25년 필자의 1차 예상 주가는 40만 원 선으로 본다.

포스코홀딩스 : 이 기업은 누군가 올해 들어와 너무 좋다고 각종 유튜브 등에서 집중적으로 부각시키다 보니 개인 투자자들이 대거 매수하여 현재는 주가 탄력이 많이 떨어졌다. 그러나 철강과 함께 미래 먹거리 2차 전지 기업으로 변신을 꾀하고 있는데 장인화 신임 회장이 2030년까지 연평균 30%씩 성장하겠다고 했다. 그러면서 점차적으로 전기차 소재 쪽 매출을 더 올리겠다고 했는데 25~26년은 압도적으로 폭풍 성장이 기대된다. 29만 원 이하에서 적극적으로 모아가기 좋은 가격이다. 필자가 보는 25년 1차 예상 주가는 57만 원이다.

에코프로, 에코프로비엠, 에코프로머티 : 에코 가족은 지금도 필자가 가장 좋아하는, 고성장하는 1등 기업이다. 작년에 너무 급등하여 올해는 이런저런 이유로 쉬는 해다. 시샘이라도 하듯 올해 들어와 1년 내내 악재가 쏟아져 나왔고 여기다 회장 구속까지 에코한테는 최악의 한 해로 볼 수 있는데, 2025년에는 딴 세상을 보여줄 것으로 기대된다. 내년 초부터 터져 나올 호재가 줄줄이 기다리고 있다. 25년은 에코 가족에 투자하면 마음 편한 주식투자가 된다. 에코프로는 8만 원 이하에서 매수하여 20만 원 보고, 에코프로비엠은 15만 원 이하에서 매수하고 35만 원까지 보유, 에코프로머티는 7만 원대에서 모아가면 내년에 크게 빛을 볼 종목이다. 25만 원 이상도 바라본다(1차 이 가격대 도달 시 2차는 보면서 결정).

삼성SDI : 필자는 셀 기업은 별로 안 좋아하는데 현재 SDI는 왠지 구미가 당긴다. 현재 시총이 25조 원, 너무 싼 가격으로 보이기 때문이다. 작년에 50조가 넘는 기업이 반 토막. 그렇다고 기업이 잘못된 것도 아니다. 25~26년 이 기업이 예상하고 있는 매출과 영업이익이 얼만데 지금 이 가격은 땅 짚고 헤엄치기다. 28만 원 이하에서 적극적으로 모아두면 무난히 더블은 충분히 가리라 본다. 25년 1차 예상 가는 60만 원 이상이다.

코스모신소재 : 이 기업은 매년 성장 속도가 다른 기업대비 월등히 높다. 성장성 면에서는 의심할 여지가 없는 기업이다. 다만 다른 양극재 기업에 비해 덩치가 작다. 지금은 이차전지 전체 수급에 따라 빛을 보지 못하고 옆으로 횡보하고 있지만, 기회가 오면 잡기 힘들어질 종목이다. 8만 원 이하에서 매수하여 25년 1차 예상되는 가격은 23만 원 선이다.

엘앤에프 : 이 기업은 다 좋은데 포스코, 에코에 비해 수직계열, 즉 밸류체인이 부족하다. 그러다 보니 원자재 확보가 불안하고 현재 짓고 있는 공장 등에 투자금이 너무 많아 현재 기업이 어렵다. 작년과 올해 미리 확보해둔 원자재 가격 하락으로 대규모 손실을 보았다. 시총과 주가가 쪼그라들어 투자자들에게 '미운 오리 새끼 주식'이 되었다. 그러나 내년부터는

완전 다른 모습을 보여줄 주식으로 기대가 된다. 24년 9~10월에 9만 원 전후에서 모아 25년 1차 예상 주가는 22만 원이다.

LG화학 : 무진장 좋은 기업인데 2차전지에만 집중된 기업이 아니다 보니 늘 조금은 소외된 주가 흐름을 보여 왔다. 얼마 전 최저점이 26만 원까지 추락한 후 9월 현재 35만 원대까지 올라온 모습이다. LG엔솔 지분 가치와 25년 양극재 수익 등을 계산했을 때 25년 1차 예상 주가는 55만 원 이상으로 본다.

대주전지재료 : 실리콘 음극재 시장도 갈수록 커지고 있기 때문에 기술이 좋은 대주를 주목해야 한다. 앞으로 실적도 가파르게 올라갈 것으로 보여진다. 8만 원대부터 담아보면 좋은 소식이 있을 듯하다. 25년 1차 예상 주가는 17만 원이다.

이 외에도 같은 방향으로 주가가 올라갈 것으로 보이는 종목들이 있다. LG에너지솔루션, 나노신소재, 롯데에너지머티리얼즈, 에코앤드림, 천보, 피엔티 등……

위험한 주식투자 왜 하니?

한마디로 대답하면 살아가는 데 꼭 필요한 경제가 무엇이며 금융을 왜 알아야 하는지 주식투자를 함으로써 자연스럽게 몸에 와닿게 되고, 따라서 투자에 대한 노력이 시작된다. 투자를 등한시하고 멀리하면 몸이 고생하고 자식들에게 환영받지 못하는 부모가 될 수 있다. 하루라도 일찍 경제공부를 하고 돈 공부를 해야 남보다 한발 앞서 부자가 될 수 있다. 여기서 말하는 투자는 주식과 부동산이다.

앞으로 대한민국은 고물가 시대로 점점 가게 되고 돈의 실질 가치가 빠르게 하락하기에 실물자산을 기본적으로 보유하고 있어야 내 자산을 지킬 수 있다. 주식투자를 하다 보면 자연스럽게 알게 된다. 금융을 이해하고, 돈의 흐름을 알게 된다. 따라서 투자로 자산을 올려야 서울에서 내 집 가지고 살지, 근로소득으로는 안 된다.

25년, 26년, 약 1년, 주식투자를 하지 않으면 평생 두고두고 후회하게 된다. 투자에는 사이클이 있다. 25~26년 주식의 주인공은 이차전지이고, 이게 마무리되면 다시 아파트 시대로 가기 때문에 투자의 리듬을 아는 사람은 그렇게 준비를 하고 있을 것이다. 그러나 금융을 모르는 자는 맨날 뒷북치다 세상만 욕하게 된다. 지금 이 책의 핵심은 바로 이차전지 폭등 시점에 맞춰져 있다. 필자는 솔직히 앞으로 일어날 급등 시점에 대비하여 포트폴리오 정리가 마무리되고 있다. 어떤 종목에 얼마를 투자해서 어디까지 들고 가고, 언제쯤 하차할 것인가 생각할수록 가슴이 설렌다.

투자는 늘 위험하다. 자칫 투자 타이밍상 초기에 진입 못 하고 불이 붙고 난 다음 뛰어들어 운이 나쁘면 상투를 잡을 수도 있다. 하락기에 투자하면 투자가 악몽이 된다. 그만큼 주식투자는 심리와 대세, 업종과 종목이 중요하다고 봐야 한다. 아무리 뛰어난 전문가라도 이런 것들이 충족되기 전에 투자하게 되면 손실에 답이 없다. 반대로 이 모든 것들이 맞아떨어지면 앞뒤 재지 말고 제일 잘 나가는 1등 우량주에 올라타야 큰 수익을 낼 수 있다.

결론은 주식투자는 모두에게 기회는 열려있지만, 누구에게는 참혹한 좌절과 실패를, 다른 누군가에게는 엄청난 부와 희망을 안겨준다. 한마디로 망하지 않으려면 무조건 투자할 기업을 대충 따라서 사지 말고 깊이 파헤쳐 기업이 가는 길을 알고 난 후 매수해야 실패가 없다.

중요한 급등주 포착방법

급등할 주식을 미리 알고 대기하고 있다가 정확한 타이밍에 매수한다면 얼마나 좋겠냐마는 사실 불가능한 일이다. 사람들은 어떤 주식이 확실한 상승이 시작되려면 새로운 재료가 나오고, 거래대금이 폭발적으로 터지면서 긴 박스권을 뚫는 돌파 상승 봉이 나와야 신고가도 나오고 급등이 시작된다고 알고 있다. 그럼 먼저 알아내는 방법은 없을까.

세상일이란 미리미리 준비하는 자가 결국 목적을 달성한다는 사실, 목표를 정해놓고 열심히 공부하다 보면 결국은 시험에 합격하고 목적을 이뤄내듯 주식 또한 아주 유망해 보이는 종목을 발굴하여 집중적으로 기업에 대한 공부를 한 후 관찰대상에 올려놓고 수급의 변화를 추적하다 보면 어느 날부터 맥이 보이기 시작한다.

본격적으로 주가에 변화 조짐이 보이면 먼저 단 10주라도 매수하여 발을 담가본다. 그러다 거래량 변화가 있다면 매수할 수 있는 총금액 중 30%를 1단계로 산다. 주식은 내가 사면 가만히 있지를 않고, 변화무쌍하다. 그래도 절대 흔들리지 말고, 더 깊이 관찰해야 어느 정도 알 수 있다. 올라갈 건지, 내려갈 건지를 세력들은 개인 투자자의 마음을 하루에도 몇 번씩 흔들어놓고 자기들 마음먹은 대로 끌고 간다.

진짜 급등시킬 주식은 1차 거래량을 터트린 후 한동안 숨죽이고 줄줄 흘러내린다. 한마디로 개미들을 지치게 만든 후 모두가 던질 때 본격적인 2차 급등이 나온다. 때로는 신고가 뚫은 이후 개미들이 너무 몰리면 사정 없이 뺀 후 재급등이 나오는데, 만에 하나 내려가지도 올라가지도 않고 제자리에 계속 있다면 이 주식은 100% 3차 급등이 나온다.

결국은 인내 싸움이다. 즉 주식투자는 거래량 추이를 보면서 진득하게 기다리는 자가 이기는 게임이다. 결론은 급등주 포착은 종목 선정, 재료와 박스권 길이, 거래대금 추이를 보면서 끈기를 가지고 기다리다 보면 크게 하나 걸려들 수 있다. 대박주는 이렇게 탄생한다.

캐즘을 지나 다시 전기차 시대로

2024년 하반기인 지금도 캐즘이 좀 더 진행된다. 여기에 미국의 경기 침체와 짓고 있는 전기차 공장들이 일시 중단 또는 완전 취소까지 가는 기업들이 계속해서 나온다. 오늘 뉴스에는 각 기업마다 하이브리드 차량을 대폭 늘리겠다고 한다. 어찌 보면 지금은 맞는 소리다. 그러나 전기차로의 전환은 이미 예정되어 있어 주가는 미리 반영한다.

시장의 분위기는 안 좋지만 벌써 필자가 주목하는 종목들은 변화를 볼수 있다. 아직은 1등으로 5배씩 올라갈 놈은 조용히 웅크리고 있다고 본다. 배터리의 핵심 소재 기업, 나는 이들 기업이 23년을 뜨겁게 달구었고 거래량도 많이 터졌기 때문에 24년은 휴식을 취하는 해로 보고 여유를 가지고 대응하고 있는데 25년 어느 한순간 허를 찌르는 폭등이 시작되리라본다. 에코프로, 포스코퓨처엠, 엔켐 등, 이 중에서 대박 나는 주식이 나오지 않을까?

2년 전부터 각종 매스컴, 신문 등 수많은 정보를 공부했고 한눈 안 팔고 기업 분석을 해 왔는데 어느 순간 급등 조짐이 나오면 3가지 종목에 올인하여 승부를 걸어야 한다. 아무튼 개인 투자자에게는 24년 하반기인 12월까지 조정을 준다면 원하는 종목을 싼 가격에 매수할 기회를 준다고 봐야 한다. 아마 마지막 세일 가격인 떨이가 되지 않을까. 물론 변수는 아직도 많이 남아있지만, 작년 7월 이후 줄곧 하락만 해왔기 때문에 올해가 마지막 고비로 보는 것이다.

결론은 25년이 오기 전에 내 계좌에 주식을 꽉 채워 놓아야 한다. 사계절이 있듯 주식도 계절이 있어 어느 때는 IT가 잘 가고, 어느 때는 조선, 화장품, 이게 한 바퀴 돌고 나면 바이오, 전기차로. 이런 식으로 순환이 돌아간다. 그러나 우리 개미가 이를 따라다니면 절대 돈이 안 된다. 앞에서 말했듯 맘에 드는 종목을 매수해 놓고 방송, 유튜브 등을 보지 말아야 한다. 계속 이것들을 보다 보면 자신도 모르게 마음이 흔들려 매도에 손이 나간다. 그래서 손실이 누적되고, 정작 '불장'이 왔을 때 허망하게 재미를 못 보고 기회를 날리는 사람이 많다. 한번 놓친 기회는 쉽게 오지 않는다.

주식투자는 순간의 타이밍이다. 한번 놓치면 잡을 수가 없다

필자는 장이 열리는 날이면 아주 특별한 일이 없는 한 장이 시작하는 9시 정각이 되기 전 컴퓨터 창을 보고 있다. 이미 무엇을 팔고, 어떤 종목을 살 것인지 가격까지 정해져 있다. 그러나 내 생각과 달리 장은 시작된다. 그러다 보니 판단이 헷갈리기 시작한다. 결단의 시간은 단 몇 초에서 5분 이내 내려야 오늘의 결과가 결정되는데 움직이는 장이 내 생각과 다르게 흘러가다 보니 자꾸만 머뭇거리게 되고 갈팡질팡하게 된다. 그렇게 잠시 후엔 탄식과 실망의 순간이 지나간다. 역시 주식은 어려워, 1시간이 지나 10시가 되면 오전 주식 농사는 끝낸다.

그러면서 '주식투자는 무조건 순간의 타이밍이야, 이걸 모르면 주식하지 마.'라고 되뇐다. 비단 주식만 그럴까. 인생도, 사랑도 마찬가지다. 한순간 지나가는 찰나를 포착하면 즉시 실행을 해야 결과가 나오는데 그 순간에 우물쭈물하면 아무것도 안 되고 후회만 막급이다. 무엇이든 투자와 인생은 공부를 하고 실행을 해봐야 배우고, 느낄 게 많다.

매도 또한 마찬가지다. 빠른 판단을 내려야지 머뭇거리면 주식하기 어렵다. 현재 코스피 지수는 2,800이 코앞인데 외국인과 기관은 철저히 그들 입맛에 맞는 대형주, 지수관련주만 선별하며 공략하고 있다. 개인들이 몰려들면 그들은 다시 매도로 돌아설 것이다.

코스닥은 한 발도 못 가게 기관이 누르고 있는데 그 중심에는 이차전지를 완전히 묶어 놓는 전략으로 가고 있다. 그러나 언제까지 이렇게 갈 수는 없다. 이러다 어떤 트리거(Trigger)가 생기면 장은 순식간에 급변한다. 아마 그 중심에는 당연히 에코프로, 포스코 등 이차전지가 치고 나갈 것이다. 그래야 코스닥 급등이 나올 수 있으니까, 지금 우리는 단 1주라도 사모아야 할 때이지 아직도 이 주식을 못 믿어 머뭇거리고 조금만 반등하면 홀랑 팔아치우는 그런 바보 같은 투자는 절대 하지 말아야 한다.

결론적으로 "주식투자는 초를 다투는 타이밍 싸움"이라고 말하고 싶다. 잠시 잠깐 주는 기회, 그걸 놓치면 매수, 매도가 꼬이게 되어 손실로 결말이 난다. 언제나 '타이밍'을 명심하자.

주식은 투기하지 말고 투자를 하라

주식투자를 하는 사람은 누구라도 마음을 느긋하게 가지고 투자를 한다면 마음 편한 투자자가 될 수 있다. 조급하면 부를 얻을 수 없다. 어떤 경우라도 남의 돈, 급한 돈, 신용 또는 미수는 절대 하지 말아야 한다. 100% 여윳돈으로 주식을 시작해야 하고 처음 1~2년은 아주 적은 돈으로만 경험 쌓는다 생각하고 시작하는 게 현명하다.

다른 코너에서 언급했듯 기업 내용이 확실한 종목만 사고팔아야지 생판 모르는 종목은 될 수 있으면 피하는 게 좋다. 이렇게 해야 실패 없이 흥미를 느끼는 주식투자가 된다. 괜히 시장 분위기에 편승해서 테마에 매달리다 보면 자칫 엉뚱한 종목을 잡아 허망하게 손해를 볼 수 있다.

주식투자도 리듬을 타야 하는데 끝없이 올라가는 종목은 일단은 경계해야 하고, 보유하고 있다면 남들이 환호할 때 매도를 준비해야 한다. 결국 대중이 뛰어들 때가 가장 위험할 때라고 봐야 한다. 급등한 주식을 자세히 관찰하면 대시세를 낸 후 고점 부근에서 외국인과 기관은 빠져나가고 개미들만 마지막 잔치를 벌이게 되는데 이건 '칼치기장'이 된다. 나중에 보면 개미들 모두가 철저히 패배자가 되고 만다.

주식시세는 변화무쌍하고, 변동성이 아주 심하다. 분위기에 휩쓸리다 보면 실수가 연속으로 발생하고 대응이 캄캄할 때가 있다. 또한 시세에 따라다니다 보면 종목 수가 백화점식으로 늘어나고 뭘 정리해야 할지도 계산이 안 나온다. 그러다 보면 손실은 눈덩이처럼 불어나고 포트폴리오 정리도 안 된다.

결국 이런 것들을 이겨내려면 공부를 많이 해야 하고 종목을 보는 눈을 키워야 한다. 계속해서 본인이 좋아하는 종목으로 압축시켜야 혹시 모를 폭락이 와도 충분히 이겨낼 수 있는 끈기가 생긴다. 잘 알지 못하는 종목에 많이 물려버리면 감당 못 할 급락이 올 때 손을 쓸 방법이 없다. 그래서 돈을 잘 벌면서 고성장하는 젊은 주식을 사야 어떤 강풍이 불어도 이겨낼 수가 있다.

결론은 주식투자를 해야지 칼싸움하는 주식투기는 절대 하지 말아야 한다!

제2장

주식투자의
핵심은…

주식투자 핵심은 무엇인가?

　한마디로 요약한다면 인내와 기다림이라고 말할 수 있다. 주식투자를 해보면 1년 내내 수많은 노이즈가 튀어나온다. 물론 좋은 뉴스도 나오지만 안 좋다는 보도가 압도적으로 많아 한시도 마음 편한 날이 없다고도 볼 수 있다. 결론은 감당하기 힘든 안갯속에서 새로운 희망의 꽃이 피는데 그 꽃을 보지 못하고 대부분 개미는 다 털린 후 남은 일부 시간을 견뎌낸 자들만 돈 축제를 즐기게 되는 게 주식투자의 핵심이다.

　주식투자 유형은 대부분 샀다 팔았다 하는 단기매매자와 몇 종목을 사서 장기로 가져가는 사람과 선택된 몇 종목을 꾸준히 모아가는 사람이 있는데 투자자 성향에 따라 투자 스타일이 만들어진다고 볼 수 있고, 딱히 어떤 방법이 특별히 좋다 나쁘다고 할 수는 없다. 시장 상황에 따라 수익률이 결정된다. 필자가 생각하는 우선순위는 선택된 2~3가지를 꾸준히 모아가는 게 모진 풍파가 지난 후 불장이 왔을 때 큰 시세를 맛볼 수 있다고 생각한다.

　대부분 전문가는 분산투자를 하라고 말한다. 한 종목에 20%를 넘지 말라고 하지만 오랜 세월 투자를 해보니 전문가 말대로 5~20%를 분산투자해서는 절대 큰돈을 벌 수가 없다는 게 나의 경험이다. 물론 위험관리 면에서는 유리한 측면이 있다. 그러나 주식투자는 안전만 찾다가는 1년 내내 허송세월만 보내게 되고 정작 장 하락기에 대부분 똑같이 투자손실로 고생하고 진짜 큰 상승기에 남보다 수익률이 확연히 떨어져 상대적으로 풍요 속의 빈곤을 느낀다.

　그래서 주식투자가 알고 보면 어렵다. 처음 얼떨결에 적은 돈으로 투자하여 재미를 본 사람은 자기도취에 빠져 '주식투자가 왜 이리 쉬워. 내가 이쪽 방면에 재주가 있나?' 그런 생각을 갖게 되고, 더 많은 돈을 넣게 되는데 결과는 처참하게 털린 후 많은 걸 후회하게 되고 정신이 번쩍 든다. 결국 모르고 번 돈은 내 돈이 아니다.

　주식투자도 매의 눈으로 볼 수 있는, 이기는 공부를 해야 아무리 어려운 장이 닥쳐도 견뎌낼 수가 있는 내공이 생긴다.

가장 바람직한 주식투자 성공의 핵심은…

주식투자에서 가장 중요한 건 종목선택인데 수천 개 종목 중 가장 유망한 약 5가지 이내를 선정하여, 저점에서 매수하는 것이다. 무조건 이 3가지 조건이 충족되어야 안심하고 중·장기로 사놓고 길게 가져갈 수 있다.

첫 번째는 앞으로 몇 년간 폭풍 고성장할 종목인가. 매년 매출과 영업이익이 눈에 띄게 늘어날 종목이어야 한다.

두 번째는 강력한 테마를 만들고 있는가. 지속적으로 테마가 일어나야 시장의 중심에 서고 수급이 따라온다.

세 번째는 시대에 맞는 종목인가. 현재와 3~5년 정도는 그 시대에 딱 부합되는 종목이어야 한다.

이 외에도 주식은 젊은 주식이 좋다. 너무 오래된 주식은 움직임이 느리고 답답해서 투자할 때 재미가 없다.

지금 시점에서 그렇게 본다면 테마군으로 볼 때 반도체와 이차전지가 될 확률이 높아 보인다. 전기, 전력 관련주가 지금은 많이 오르고 있지만 언제 급락이 올지 믿음이 가지 않는다. 바이오 또한 지속적인 수익이 없다. 조선과 엔터테인먼트, 항공여행, 금융도 큰 전망을 찾을 수 없다.

그렇다면 결국 반도체와 이차전지에서 찾아야 하는데 반도체는 업황 사이클이 짧아 변동성이 심해서 장기투자용으로 적합지 않다. 이렇게 보면 이차전지만 남는데 많은 전문가가 한결같이 지금은 잠시 조정 중이지만 장기간(2030년까지) 성장이 담보되었다고 한다.

결론은 이차전지가 단연 최고 유망군이고 그중 대장주로 포스코홀딩스, 포스코퓨처엠, 에코프로, 에코프로비엠 중 1등 종목이 나올 것이다. 물론 엔켐도 유망한 후보군이다. 2025년, 2026년은 이차전지가 대세지만 2024년 하반기부터 다시 바이오기업들이 판을 칠 것이다. 그 중심에는 삼성바이오로직스와 알테오젠이 주도할 것이고, 투자를 다양하게 잘하는 사람이라면 24년 하반기부터 바이오 시대니까 여기서 수익을 좀 내고, 그 사이 이차전지가 바닥을 보이면 집중적으로 사모아 가면 최고다.

늘 말하지만, 주식투자는 딱히 정답이 이거라고 보이는 게 없으므로 계절이 바뀌듯 순환에 따라 리듬을 잘 타면서 수익을 내면 된다.

주식을 알면 일상에서도 돈이 보인다

'주식은 타이밍의 예술'이라고 했다. 앞으로의 세상은 주식을 모르면 돈을 모으기 어려운 시대라 할 수 있다. 주식은 기업의 주인이 되는 동반자 티켓, 즉 주식투자는 그 기업의 동반자로서 사업을 함께하는 것이라고 할 수 있다. 이것이 주식의 본질이다. 주식의 본질을 제대로 이해하고 지혜로운 수단으로 주식투자를 한다면 시간, 장소와 관계없이 꿈을 이룰 수 있다.

주식으로 대박을 꿈꾼다면 끊임없이 가치 있는 것이 무엇인가를 생각하며 가장 가치 있는 곳에 투자하는 것이 그 첫 번째다. 가치를 찾는 기준은 상식이다. 세상일은 상식선에서 생각하면 저절로 해답이 보이기 마련이다. 그동안 텐배거(Ten Bagger) 주식들을 살펴보면 하나같이 그 시대의 절대 필요한 섹터의 대장주들이다.

작년에 에코프로가 급등하기 전 6만 원 초반일 때 각종 매스컴에 '전기차, 테슬라, 리튬'이라는 단어가 도배를 하였다. 이러한 바람을 타고 배터리 섹터 대장주로 에코프로가 등장하면서 거의 주식에 투자하는 사람은 누구 할 것 없이 이 주식 없으면 바보 되는 세상이 되었다. 결과론이지만 10배, 20배 올라가는 데 단 6개월, 이런 실정인데 이재에 밝은 사람이라면 주식을 안 할 수가 있겠는가.

　　누구라도 대박의 꿈이 있다면 끝없이 주식의 본질인 시대에 맞는 가치 있는 종목을 찾는 공부를 게을리해서는 안 된다. 각종 매스컴 뉴스나 신문기사 하나를 볼 때 달달 외우듯이 읽고 나서 기사 그 자체로만 치부해서는 안 된다. 기사 내용을 소화하고 그 내용이 어떤 현상을 일으킬 것인가를 추론해야 한다.

　　결론은 앞으로 오를 것이라고 판단되는 종목을 사서 그 주식이 오를 때까지 끈질기게 기다리는 것이다. 1년이고 3년이고 시세가 날 때까지 보유하는 것이 바로 정석 투자다. 가능한 장기투자할 종목을 구조적 성장주로 선택해야만 경기침체 또는 금리가 오르고 내려도 별 영향을 받지 않고, 주식 하락기에도 잘 견뎌낸다.

주식투자를 하다 보면 탐나는 종목이 눈에 띈다. 어떻게 하나?

계절이 바뀌듯 주식도 '테마다, 어떤 섹터다, 대형주다, 중소형주다.' 하면서 계속 수급이 이동해 간다. 미국 증시가 그렇게 앞서가고, 세계가 동시에 따라간다. 전문가들도 일제히 그쪽으로 물량을 추천한다. 그러다 보면 자연스레 개인들도 전반적으로 따라가게 되어 있다. 그래서 주식하는 사람들 대부분이 나중에 물어보면 수익을 낸 사람은 구경하기 어렵고 손실 본 사람만 많게 마련이다.

한마디로 주식에 도통하지 않으면 무조건 '여기 좋다, 저기 좋다.'는 말에 휘둘리게 되고, 이 주식을 샀다가 팔고, 저 주식을 사는 등, 하여간 귀가 얇아지게 마련인 게 주식투자다. 그러다 보면 본격적으로 주식공부를 하게 된다. 안 하면 죽으니까, 모르고 얼떨결에 번 돈은 결국 독약일 뿐 자기 것이 안 된다. 세월이 지나면서 주식판을 보는 눈이 넓어지고 달라진다. 자신만의 주식을 보는 기준이 생기고 욕심도 생긴다.

이러다 보면 자신의 눈에 확 들어오는 종목이 보일 때가 있다. 마음속으로 이놈으로 그동안 손실을 어느 정도 복구해야지. 조금만 더 내려라. 마음속으로 기도하며 때를 기다리다 어느 순간 내가 매수하기 직전 주가는 뛴다. 놓친 고기는 언제나 크다. 그런데 때를 기다리는 자에게는 또 다른 종목이 눈에 쏙~ 들어올 때가 있다.

지금 필자가 말하고 싶은 주식은 비트코인 관련주다. 왜, 지금 이 주식을 탐나는 주식이라고 말할까. 하나하나 그 이유를 파헤쳐 보자. 몇 년 전 비트코인(알트코인)에 투자하여 손실을 좀 보았다. 그 이후 비트코인 투자는 완전 디지털이라 나이 많은 나는 불리함을 느끼고, 코인을 직접 하지 말고 간접투자, 즉 코인 관련 주식을 사보자. 그렇게 하여 약 2년을 1종목 사서 보유하면서 흐름을 지켜보았는데 그동안 작은 파도는 있었지만 진짜 큰 시세를 내는 불기둥은 한 번도 보지 못했다. 그런데 이제 그때가 코앞에 온 듯하다.

그 첫 번째가 4년 만에 오는 반감기가 지났고(반감기 지난 6개월 후 급등), 두 번째는 비트코인 ETF 등 각 나라에서 화폐로 인정하고, 세 번째는 미국 차기 대통령 트럼프가 긍정적인 시그널로 비트코인을 선거공약으로 내놨다는 점이다. 네 번째는 그동안 몇 년을 주가가 옆으로 횡보를 이어왔다.

결론은 지금부터 하락 시마다 사모아서 비트코인이 24년 9~12월 중 개당 1.5~2억 가면 내가 갖고 있는 이 주식도 지금보다 2~3배는 충분히 올라갈 수 있다고 확신한다. 나는 이 주식을 사서 대시세가 날 때까지 보유한다(24년 10월이 오면서 마음이 바뀌어 관련 주식 비중은 알트코인 중 리플에 눈이 간다. 24년 9월 현재 1,000원 미만 거래 중이다).

신고가 나는 종목에 매집세력이 있고 돈이 보인다

신고가 난 종목을 자세히 보면 중간중간 매집한 흔적이 보인다. 세력들의 거래량, 정배열 차트, 내부자 정보, 재료 등을 상세하게 분석해보면 힌트가 나온다. 주식투자에서 매집세력이 기업의 내재가치나 호재성 재료를 먼저 알고 차트를 만들어 낸다. 세력들이 한동안 매집을 한 후 시세분출 과정을 거쳐 자기들이 계획한 목표치 80%에 도달하면 분할로 매도함으로써 한 사이클이 끝난다.

대부분 신고가 매집은 내부정보를 미리 알고 있는 대주주나 관련 세력에 의해서 진행된다. 이들은 기업 분석에 의한 저평가된 종목을 선정하여 자기들 입맛에 맞을 때 매집을 시작한다. 정해진 자금으로 많은 물량을 저가에 매수하길 바란다. 그러므로 물량을 채우기 전에 주가가 올라가면 안 된다. 중간에 올라버리면 비싸게 매수해야 하므로 추가로 올라가면 하락시키기를 반복한다. 이렇게 하여 개미들의 접근을 어렵게 함으로써 자신들이 물량을 모아나간다.

개인들은 주가 변동과 차트에 민감하게 반응한다. 그러나 세력들은 반대로 추세를 따르면서 개미들의 입맛에 맞춰주기도 하고 속이기도 하면서 원하는 차트를 만들어 낸다. 이들은 매물을 줄이는 과정을 반복하면서 수량을 채워나간다. 중간에 상승하여 개인 투자자들이 따라오면 일부를 매도하여 추가로 하락시킨 후 재매수하면서 하락을 멈추게 만든다. 이렇게 하여 우상향하면서 박스권 장을 연출한다. 주가는 매일매일 불규칙하게 움직인다.

여기서 우리 일반 투자자는 세력들의 초기 매집 종목을 발견하기는 어렵다. 어느 정도 물량이 터지고 주가 또한 출렁출렁한다면 일단 의심을 해봐야 하고 어떤 종목이 갑자기 종가상 신고가로 올라서면 일단은 일부라도 매수를 해야 설레는 투자가 시작된다. 신고가 이후 때로는 많이 흔들기도 하지만 큰 물량 터질 때까지 잡고 가야 큰 수익을 볼 수 있다.

제3장

오를 주식은
이미
예정되어 있다

추세적인 거래 동향을 피악하면 종목이 보인다

주식이 오를 건지 내릴 건지는 거래량이 말해준다. 주식을 좀 안다는 사람은 누구라도 거래량을 보고 이때쯤이면 오르겠다, 내리겠다 방향을 어느 정도 예측하고 결정을 한다. 뭐 갑자기 급등 종목도 출현하고 순간 갑자기 폭락도 하지만 이것들은 누구도 알 수 없다.

어쩌다 좋은 뉴스가 나오고 종목이 급등하는 걸 보고 따라 들어가는 것이지 미리 이루어지는 걸 안다는 사람은 거짓말이다.

어떤 종목이든 거래량을 살펴보면 명확히 나타난다. 이 종목이 갈 건지, 떨어질 건지 거래 그림이 알려준다. 우리는 이걸 보고 매수 타이밍을 잡는 것이다. 주식을 제대로 하는 사람은 매일같이 거래량이 터진 종목을 찾고 5분봉이다, 10분봉이다 하면서 거래 상태를 면밀히 관찰하는 게 정석이다.

장이 끝나고 다음 날 주식 채널 TV를 보면 앞날 거래 터진 종목이 꼭 등장한다. 그만큼 거래량이 중요하다는 것이기도 하다.

필자 또한 거래량이 주식이 갈 길을 알려준다고 보는 사람이다. 한 예로 얼마 전 삼성바이오로직스가 실적은 좋은데 주가가 수개월째 정체되고 있다가 어느 날 72만 원대 바닥을 찍은 후 거래가 폭발하면서 평소보다 5~10배 터지고 종가도 큰 양봉으로 끝났다. 바로 이게 '나 이제 출발하겠소.' 하는 거나 다름없다. 이 신호를 놓치면 바보다. 다음날이라도 따라 들어가야지 하루 많이 올라갔다고 바라보고만 있다면 주식투자 공부 한참 더해야 한다.

아마 대부분 종목이 이와 같은 신호가 나온다. 누가 먼저 낚아채느냐가 수익을 결정한다. 평소 관심 종목이 어느 날 이런 모양새가 나오면, '웬 떡이냐.' 하고는 왕창 실어야 진짜 좋은 수익을 낼 수 있다.

지금 필자가 매의 눈으로 지켜보고 있는 이차전지 핵심 종목들이 1년 전 고점 치고 현재 60%대 하락 중에 있는데 '삼바' 같은 확실한 매수 신호가 한 번도 제대로 뜬 적이 없다. 난 매일매일 거래량을 체크하고 있는데 아마 어느 순간 거래가 터질 것이다. 이미 임박해 있다고 보는데 평소보다 10배가량 나와야 상승 신호, 3~5배 정도 나온다면 50%만 믿고 풀베팅이 아닌 일단 50%만 매수해 본다.

결론은 평소 좋은 주식을 발굴하여 관심 종목 상단에 올려놓고 신호가 출현할 때까지 기다려라. 그동안은 적은 돈으로 주식 놀이하면서 때를 기다리는 것이다. 그러나 찜한 주식이 바닥을 뚫으면 조금씩 사모아 들어간다. 거래량이 터지면 모두 쏘고 끝. 큰 수익 나올 때까지 GO! 1년에 1번이면 부자 된다.

투자하는 기업 섹터의 전문가가 되자

올해 1~2분기에 미국 기술주 랠리를 주도한 엔비디아와 국내 반도체 대장주는 한미반도체였다. 2만 원대에 있던 주식이 단번에 20만 원까지 10배 상승했는데 이만큼 시대에 맞는 섹터 대장주는 거침없이 올라가고 단숨에 10배라는 경이로운 숫자를 만들었다. 후에 엔비디아가 꺾이면서 한미반도체도 걷잡을 수 없이 흘러내리고 있다.

여기서 우리는 경험치로 볼 때 무조건 테마가 생기면 그 테마 대장주를 잡아야 수익을 많이 낼 수가 있다. 대장주를 잡지 못했다면 즉시 2등 주라도 잡아야 하고, 2등 주는 1등 주가 변동성이 약간 생기면 바로 깔끔하게 손절해야 그동안 얻은 수익을 전부 토해내지 않는다. 이건 불변의 원칙이다.

사실 23년 2분기까지 반도체 섹터가 주도했다. 나 또한 2차전지에 올인할 정도로 비중이 컸는데 엔비디아가 연일 매스컴을 장식하면서 국내 SK하이닉스가 급등이 나왔고 HBM 고대역 메모리가 부각되면서 한미반도체가 날아오르기 시작했다. 난 한미에서 일찍 매도해서 더 많이 수익을 내지 못했는데 제2의 한미를 찾다 HBM 검사장비 기업 테크윙에 집중하여 투자금 더블 수익을 내고 빠져나왔는데 5배가 상승했다. 뒤돌아보니 그 이후 테크윙은 단 2분기 만에 오름이 많이 남은 종목이었다.

여기서도 알 수 있듯 섹터의 대장주는 10배 오르는 데 비해 2등 주는 5배 오르고 막을 내린다. 국내 반도체 상장 종목이 무수히 많지만 일부 종목만 급등하고 나머지 종목들은 따라가지 못한다. 대장이 막을 내리면 그 섹터 모두가 하락기에 들어선다.

작년에 2차전지 섹터도 똑같은 경로를 걸었다. 배터리 대장주는 압도적으로 에코프로였는데 에코프로가 6만 원대부터 상승이 시작되어 150만 원까지 초급등, 20배라는 상상을 초월하는 기적을 만들어 냈다. 그런데 그 뒤를 따르던 에코프로비엠, 포스코 등도 많은 수익을 냈지만 단연 그 대장인 에코프로가 압도적으로 빛났음을 알 수 있다.

그렇다면 얼마 전부터 움직이는 제약 · 바이오(금리수혜 주) 섹터는 어떻게 될까? 그리고 그 대장주는 현재 돋보이는 종목인 알테오젠이다. 벌써 상당히 두각을 나타내고 달리는 중이다. 주도 주가 누구일지 아직은 어떤 종목이 치고 나올지는 아무도 모른다. 아무튼 바이오와 이차전지가 그동안 많이 쉬었기 때문에 앞으로 기대가 된다.

12월 이후부터 다시 뛰는 배터리

올해 들어 약세를 면치 못하던 2차전지 관련주 주가가 고개를 들고 있다. 세계 최대 전기차 시장 중 하나인 유럽에서 친 전기차 정책이 부활 조짐을 보이는 데다 투자심리가 개선됐다. 국내 배터리 업체에 비관적인 전망을 내놓던 증권사들도 투자의견을 바꾸고 있다.

2차전지 업종이 반등에 성공한 건 유럽의 전기차 지원정책 훈풍 덕분이다. 최근 독일 현지 언론은 집권당이 내연기관차 폐차 후 전기차를 구매하면 6,000유로의 보조금을 지급하는 정책을 검토하고 있다고 보도했다. 지난해 말 독일 정부가 돌연 전기차 보조금을 중단하면서 전기차 시장이 얼어붙고 폭스바겐이 감원까지 발표하자 관련 지원정책을 되살리려는 것이다.

최근 유럽연합 내에서 전기차 정책을 담당하는 위원회 세 곳 모두 전기차를 통한 탄소배출 억제를 강조하는 위원들로 구성됐다.

K 배터리뿐 아니라 글로벌 업체의 주가도 동반 상승하고 있다. CATL 주가는 중국 경기 부양책과 맞물려 최근 1주일간 35% 넘게 올랐다. 벨기에 양극재업체인 유미코아는 같은 기간 주가가 15% 급등했다. 미국 리튬 업체 앨버말은 11% 상승했다.

국내 증권사도 2차전지 전망에 대한 관점을 바꾸고 있다. 그동안 K 배터리에 비관적인 리포트를 내온 유진투자증권이 대표적이다. 한○○ 유진투자증권 연구위원은 "독일의 전기차 보조금 재도입은 유럽 시장의 업황 턴어라운드(Turnaround)를 알리는 중요한 계기가 될 것"이라고 말했다.

결국 2024년 3분기, 최악의 구간을 지나 4분기가 되니까 배터리 주식에 호의적인 뉴스들이 연달아 나오기 시작했다. 따라서 11월부터는 본격적으로 배터리 주식 시대가 오지 않을까 기대를 해보자. (일부 〈한국경제신문〉 기사 내용 발췌)

주식투자를 시작했다면 일희일비하지 마라

주식을 해보면 날마다 마음이 오락가락한다. 조금만 올라가도 금방 떨어질까 봐 얼마라도 수익 났다 싶으면 매도하여 챙기고 싶은 욕심이 생긴다. 반대로 매수한 종목이 조금만 하락해도 왠지 불안해지고 견디기 힘들어 얼른 팔아치우게 되는 게 주식투자다. 사실 주식 전쟁판에 뛰어들었으면 흔들리지 말고 믿고 기다릴 줄도 알아야 하는데 매 순간 시세에 처음 계획이 무너진다. 책에서는 일희일비하지 말라고 하는데, 현실은 그렇게 잘 안 된다.

주식투자도 많은 내공이 필요하다. 즉 경험이 쌓여야 뭔가 알게 되고 느낌이 온다. 필자 또한 허구한 날 주식시장 분위기에 휘둘려 아무리 맹목적인 매매를 안 하려고 해도 나도 모르게 매매 버튼이 눌러진다. 지나고 보면 내 손으로 수익을 갉아 먹는 꼴이 되는 경우가 엄청 많다. 그러나 지금 나는 많이 달라졌다. HTS 단말기 양 사이드에 어처구니없는 매매를 못 하게 못을 박아 놓았다.

　여러분들에게 전해주고 싶은 말은 처음부터 단기매매를 염두에 두고 매수를 했다면 다음과 같이 위아래 얼마 선에서 나누어 손절이 들어가는 게 맞다. 그런 생각 없이 움직임이 좋아 보여 매수를 했다면 처음엔 소량으로 발을 담가 보고 시간을 두고 지켜본 후 가능성이 보이면 조금씩 추가로 매수하여 일정 기간 가져가 보는 것도 현명한 판단이다.

　하긴 처음부터 잘하는 사람은 없다. 하다 보면 순식간에 큰돈이 왔다 갔다 하다 보니 마음이 많이 흔들린다. 또 한 가지 각종 유튜브 등에서 말도 안 되는 정보가 쏟아져 나오니 오락가락할 수밖에. 그래서 세월은 가는데 내 계좌는 수익은커녕 손실만 쌓인다. 엎친 데 덮친 격으로 장이 갑자기 확 나빠지면 걷잡을 수 없이 손실이 커지는 경우가 발생한다. 주식 초보자는 이런 경우 솔직히 많이 당황하게 된다.

　결론은 자기중심. 처음 계획한 대로 자신의 투자원칙을 지키는 게 가장 현명한 방법이다. 그래야 큰 손실을 막을 수 있다. 특히 미수, 신용, 욕심을 내어 매매, 이런 건 절대 용납 안 된다. 주식투자는 좀 더 냉철하고 세밀하게 해야만 흔들리지 않는다.

이래서 급등 종목은 매집 흔적이 보인다

'이유 없이 주가가 급등하는 주식은 없다. 잠시 지나고 나면 이유가 보인다.'

그러나 작심하고 해 먹는 세력 종목은 쉽게 노출이 안 되고 그들이 한참 배를 채우고 난 후, 빠져나갈 무렵에야 어느 정도 윤곽이 드러난다. 주식을 진짜 잘하는 사람은 매집 흔적을 추적해서 찾아내기도 하는데 물론 초기에는 어렵고, 세력들은 주가를 올렸다 내렸다 하면서 개인 투자자들 물량을 빼앗고 다 못 따라붙게 때로는 주가를 덮어버리기도 한다. 이런 주식은 아마 초보자들이 겁을 먹기 때문에 쉽게 접근하기 어렵다.

세력 주가 아니면서 급등하는 종목이야 기업에서 바로 공시도 하고 호재거리가 바로 뜨기 때문에 그리고 내용을 확인하고 투자를 결정하기에 매수, 매도만 놓치지 않는다면 누구나 충분히 접근할 수 있다. 앞에서 말한 누군가의 손에 의해 주가가 급등과 급락을 하는 종목에 도전하려면 많은 용기도 필요하고 대상 기업을 충분히 이해하고 알아야 배짱이 나온다. 진짜 끈기와 인내 싸움이라고 할 수 있다. 이 모든 걸 견딘 사람만이 세력이 만들어 놓은 맛있는 만찬을 즐길 수 있다.

이 모든 것들은 거래량에서 흔적을 남긴다. 거래량은 속일 수 없다고 하지 않는가. 평소 거래가 없던 종목이 야금야금 거래량이 들쭉날쭉하면서 주가 또한 저점이 조금씩 높아진다면 이런 종목이 눈에 띄면 과거 차트와 1~2년 거래형태 평균을 내보고, 최근 기업이 무엇을 하는지도 파헤쳐 보면 어떤 흔적이 발견된다. 잘하면 1년에 하나 잡을 수 있는 대박 월척일 때도 있다.

결론은 주식투자가 위험한 도박이라고 하지 않는가. 자칫 잘못하면 패가망신하는 경우도 있다. 이왕 위험한 주식투자에 뛰어들었다면 꼭 주식 공부를 게을리하지 말고, 집중적으로 파고들기 바란다. 본인이 모르고 번 돈은 절대 오래가지 못한다. 즉 남의 머리를 빌려서 하는 주식투자는 눈앞의 숫자만 쫓는 도박꾼에 불과하다.

잃지 않는 투자자가 되고 싶다면 공부만이 살길이다. 1년에 딱 1~2번 장이 좋을 때만 하고, 더 좋은 방법이 어렵다면 1년 내내 1~2종목으로만 공략한다.

제4장

주식투자는
끈기와 인내다

예정된 미래주식에 베팅하라

이 시대 확실히 예정된 분야는 모두가 인정할 AI(인공지능, Artificial Intelligence)와 전기차다. 앞으로 시대는 AI가 모든 분야에 파고들어 인간을 편안하게 할 것이다.

반대로 보면 인간을 위협할 것이고 일자리까지 빼앗아갈 것이다. 그렇다고 이미 우리 생활 깊숙이 들어와 있는 AI를 멀리할 수도 없다. 점점 기술이 진화하면서 사람을 대신할 것이고 따라서 AI 관련 주식도 기업이 성장하면서 완벽하게 상향할 것이다.

전기차 또한 예정된 주식이다. 한 예로 필자가 베트남, 미얀마 비즈니스로 다닐 때 오토바이와 고물 차량이 도로를 꽉 막고 있는 걸 보았는데 2030년 이후부터는 시내 진입을 못 하게 법으로 정해졌다고 한다. 유럽과 웬만한 나라들도 2030년 이후는 매연 차는 퇴출되고 친환경 차량으로 바뀐다는 것. 이렇게 된다면 전기차 시대는 의심할 필요 없는 확실한 예정된 분야이다. 따라서 배터리 기업에의 베팅은 나의 노후를 책임질 확실한 정석 투자다.

국내 배터리 기업들은 지금 무엇을 준비하고 있는지 최근 뉴스를 살펴보자.

국내기업 LFP 양극재 생산계획은 에코프로비엠 2025년 말 양산. 엘앤에프, 포스코퓨처엠, LG화학도 25년 말부터 양산할 계획이다. LG엔솔, 삼성SDI, SK온 등 배터리 3사 모두 2026년부터 LFP와 NCM(니켈·코발트) 배터리를 양산한다는 계획을 세웠다. 그동안 NCM(니켈, 코발트, 망간), NCA(니켈, 코발트, 알루미늄) 등 고성능 삼원계 배터리만 생산했지만, 중저가 전기차 시장이 커지자 포트폴리오 다변화에 나섰다.

이에 발맞춰 엘앤에프, 에코프로비엠, LG화학 등 소재사들도 LFP 배터리에 들어가는 양극재 양산작업에 들어갔고 철분말 공급업체로 현대제철을 사실상 낙점한 것으로 알려졌다. 엘앤에프와 에코프로비엠은 내년 말부터 LFP용 양극재 양산에 들어가고, LG화학은 27년 시작할 계획이다. 현대제철이 배터리 소재 사업에 눈을 돌린 이유다. 전기차 시대가 활짝 열리면 현대제철의 철분말 사업 매출이 수천억 원에 이를 것으로 내다보고 있다.

한 배터리 소재사 관계자는 "국산 LFP 배터리가 중국산보다 높은 경쟁력을 갖추면 글로벌 자동차 업체들을 차례차례 고객으로 끌어들이게 될 것"이라며 "이렇게 되면 배터리 업체 → 양극재업체 → 양극재 소재 업체로 이어지는 밸류체인에 들어간 여러 기업이 상당한 수혜를 볼 것"이라고 말했다. (일부 〈한국경제신문〉 기사 내용 인용)

주식도 유행을 알면 돈이 보인다

알다시피 주식도 계절과 유행이 있다. 주식투자를 오래 해보니 '주식도 유행을 타는구나.' 하는 걸 알았다. 어느 때는 반도체 주식이 한동안 장을 주도하다가 안 좋은 뉴스 한 방에 전체 반도체 주식들이 줄줄이 눈 깜박할 사이 반 토막 난다(한미반도체 예). 올해 들어와 AI 반도체가 대세였다.

그런데 필자의 경험상 반도체 주식에 투자해보면 진짜 어쩌다 한 번씩 텐배거 주식이 나오지만, 대부분은 마음 놓고 오래 들고 가지도 못하겠고, 불안해서 큰 수익도 내기 어려웠다. 그러나 2년 가까이에 한 번씩 주기적으로 죽었다 싶을 때 꼭 되살아나는 반도체와 삼성전자를 보자. 2년 전에 매출과 영업이익이 엄청났는데, 작년엔 형편없이 쪼그라든 숫자가 나오니까 '10만 전자'에서 최근 '6만 전자'로 내려앉았다. 이러니 반도체 주식에 투자할 때는 반도체 기업이 완전 곡소리 나올 때 주식을 사모아서 최대 호황기 때 싹 팔아치우고 끝내야 한다.

　반도체 이후 지금은 한 2년간 숨죽이고 있던 바이오가 살아나면서 완전 바이오 계절이 왔다. 제약 바이오 주식투자는 정말 공부를 많이 해야 이른 시일에 큰 수익을 볼 수 있다. 종목도 다양하고 기업도 많아 어떤 기업이 진정 유망한 바이오기업인지 깊이 알기가 어렵다. 물론 알테오젠, 삼성바이오로직스 같이 두드러지게 앞서 달리면 금방 알 수 있지만, 작은 기업들은 속을 알 수가 없다. 그러다 보니 바이오기업 투자 위험부담도 크다. 그러나 잘만 잡으면 쉽게 큰 수익도 기대할 수 있다.

　대부분 바이오기업들은 그럴듯한 연구계획만 수시로 나오지 가시적으로 나오는 기업은 10년을 기다려야 신약과 수익이 나온다. 최근 들어와 간간이 기술이전 대박 소식이 나오는 중이다. 그러나 지금은 바이오 시대로 진입했기 때문에 한동안은 바이오가 장을 주도할 것이다. 지금은 유망 기업이 급등하고 차차로 중소형 내용 없는 기업 주식까지 급등이 나올 확률이 높다.

　단 하나, 바이오 섹터는 잘 나가다가도 어느 순간 불이 꺼져버리면 아무리 많이 올랐던 주식도 한순간에 천길 바닥으로 곤두박질치고 만다. 씨젠을 보라. 코로나로 32만 원까지 갔다가 코로나가 조용해지니까 2만 원대로 폭삭~. 결론은 바이오 주식은 무조건 바이오 시대가 왔을 때 꼭 대장주에 올라타 수익이 나면 챙기고 얼른 손절하고 나와야 내 돈이 된다.

다음 유행이 돌아올 주식은 단연코 이차전지가 될 것이다. 나는 그때를 기다리고 있다. 2~3년에 한 번 돌아오는 제약, 바이오에서 10년 치 연봉을 뽑는 사람도 보았다.

투자한 종목마다 손실을 많이 보고 있다면?

　매수할 땐 유망주라고 매수했는데 슬슬 계속해서 손실이 난다. 그러다 매도 타이밍을 놓치고 끙끙 고민하다 의도와는 관계없이 중·장기 보유하게 되는 경우가 많다. 실패를 빨리 복구하고 싶은 조급함에 이 종목 저 종목 매수하다 보면 손실이 눈덩이처럼 자꾸 쌓이게 되는 경우가 정말 많다. 이런 현상은 주식투자 초보자만 겪는 게 아니고 전문가들도 마찬가지다.

　다만 노련한 투자꾼과 경험이 부족한 사람의 차이는 대응 과정이 완전 다르다고 생각하는데, 경험이 부족한 투자자는 떨어지면 안절부절 결단을 내리기가 어렵고 고민하고 고민하다가 극도로 떨어지면 그때 못 견디고 손절하고 항복한다. 반면 노련한 사람은 빠지고 폭락하면 눈빛이 달라지는데, 그동안 노리는 종목이 가격이 너무 높아 못 사고 기회만 엿보고 있다가 폭락을 이용하여 집중적으로 1~3종목으로 압축하여 선택과 집중으로 사 모으게 된다. 이렇게 하락기에 모아두면 반등 시 빠른 시간에 제일 먼저 유망주들은 제자리를 찾아가게 된다.

손실 종목을 고민만 할 게 아니라 지지선이 무너진 종목은 가지치기를 통해 될성부른 놈만 남기고 과감히 칼질해야 마음도 편해지고 손실 복구가 빠르다. 하여, 항상 매수할 종목을 선택할 때는 초단기 매매 주냐, 일주일 이상 보유 가능한 종목, 또는 중·장기 보유할 종목인지 확실히 결정한 후 매수해야 마음의 부담이 안 생긴다. 아주 좋게 보고 매수했는데 상황이 안 좋게 흘러간다면 즉시 손절해야 손실을 최소화할 수 있다.

주식은 빠른 판단과 시시각각 변화가 생기기 때문에 금방 사고도 잠시만에 큰 손실도 생기는 게 주식투자의 위험이다. 그래도 아니다 싶으면 무조건 매도해야 한다. 결론은 손실이 많이 발생한 종목이 있다 할지라도, 가지치기 대응만 잘한다면 시간이 지나면 다시 웃게 만들어 준다.

매도 타이밍은 언제가 좋을까?

주식투자의 꽃은 매도 타이밍을 언제 잡느냐에 있다. 매도를 언제 하느냐에 따라 울고 웃는다. 앞에서도 말했듯 작년에 지인 한 분이 에코프로 주식에 9,500만 원 투자했다가 15억으로 불어났는데도 매도 결정을 못하고 머뭇거리다 한참 지나서 결국 5억 원 선에서 매도했는데 결과적으로 잘못된 판단으로 10억이라는 금액의 수익을 낼 걸 못 내고, 엄청난 마음고생까지 했다.

주식투자를 하는 사람이라면 매도 시점이 최대 고민이다. 이걸 정확히 타점을 잡아낼 수만 있다면 그 사람은 매일 함박웃음이 생기지 않을까. 우리가 알 수 있는 건 수급과 차트, 기술적 분석으로 맥점을 따라잡는다. 여기에 경험 등으로 결정하는 게 대부분이다.

그러다 보니 주식 초보자는 매수를 했는데 도대체 언제 팔아야 하는 건지 알 수가 없다 보니 우물쭈물하다가 매도 시기를 놓치고 중·장기로 들고 가는 사람이 대부분이다. AI나 기계처럼 무릎에 사서 어깨에 팔고 나올 수 있다면 주식투자만큼 재미있는 사업도 없을 텐데, 결과적으로 신이 아닌 이상 정확히 맞추기는 불가능하다는 것. 주식공부를 엄청나게 많이 하고 실전 경험이 많은 사람은 어느 정도 감을 잡는다.

대가들은 시장에 패닉이 왔을 때나 어떤 기업이 악재로 주가가 곤두박질치고 바닥을 박박 길 때가 주식을 담을 때라고 말하고, 매도는 장이 활황일 때 웬만한 종목까지 다 오르고 주식에 관심 없던 사람까지 주식투자에 뛰어들어 온통 좋은 뉴스만 쏟아질 때가 가장 위험하다고 말한다. 남들이 최고로 낙관적일 때 반대로 주식을 슬슬 팔고 쉬라는 것이다.

말은 쉽지만, 일반 투자자들은 마음같이 안된다. 주식투자를 보면 급하게 판단하여 사고파는 사람은 결과를 보면 돈을 잃을 확률이 높다. 또 신용이나 미수, 남의 돈 빌려서 투자하는 사람도 주식투자 실패자가 많다. 결국 돈을 따는 사람들은 느림보들이다. 느리게 투자하는 사람은 좋은 주식을 잡으면 쉽게 매도하지 않는다. 이러니 수익이 날 때는 크게 수익을 낸다. 매수도 심사숙고하여 천천히 분할매수하고 매도는 더 천천히 기다리는, 일희일비하지 않는 투자자다. 유명인들이 가끔 주식 투자해서 수십억을 벌었다는 사람들은 대부분 느림보 장기 투자자들이다.

"67% 더는 못 버티는 개미들 다 털리고, 외국인은 담고"

2차전지 관련주의 주가가 계속해서 하락하자 개인 투자자들이 끝내 등을 돌렸다. 업황 부진에 따른 실적 악화에 전기차 화재사고 등의 겹악재로 투자심리가 악화하면서 대량매물을 출회 중이다. 반대로 외국인과 기관투자자는 2차전지 업종에 대한 저가 매집에 나섰다. 글로벌 경기침체 우려 완화와 미국 대통령 선거에 따른 수혜 기대를 반영한 것으로 풀이된다.

올해에만 LG엔솔 -23%, 삼성SDI -34%, 포스코홀딩스 -36%, 포스코퓨처엠 -44%, 엘앤에프 -56%, 코스모신소재 -27% 등이 낙폭이 깊다. 업황에 따른 실적 악화가 하방 압력을 가했다. 여기다 전기차 화재사고 등 여러 악재가 맞물리면서 부담이 더해졌다. 이달 초 인천 청라아파트에서 벤츠 전기차 화재가 발생했고, 용인에서도 테슬라 전기차 화재가 발생했다. 아울러 최근 SK온과 에코프로비엠이 미국 완성차기업 포드와 합작해 짓는 캐나다 양극재 공장 건설이 중단됐다는 소식까지 전해진 상황이다.

이러다 보니 지난해 2차전지 주 급등 랠리를 주도한 바 있는 개인 투자자들은 빠르게 등을 돌리고 있다. 8월 들어와 개인 순매도 상위 7개 종목은 LG엔솔 800억 원, 포스코퓨처엠 600억 원, 포스코홀딩스도 600억 원, 에코프로비엠 500억 원, 에코프로 250억 원 등이 순매도 명단에 올라있다.

반면 외국인 투자자는 2차전지 관련주를 주워 담고 있는 모습이다. 외국인들은 이달 동안, 포스코홀딩스 720억 원, LG엔솔, 엘앤에프도 각각 350억 원씩 사들였다. 기관 역시 에코프로비엠 500억 원, LG엔솔 500억 원, 포스코퓨처엠 450억 원, 에코프로 130억 원 등이 나란히 기관 순매수 명단에 올랐다. 《한국경제신문》 내용)

나는 이 내용을 보면서 '2차전지 주식이 뜰 날도 얼마 안 남았구나.' 하는 생각이 든다. 간접 예를 보면, 유한양행이 8월 21일 신약 허가가 났는데 그날 개인이 집중적으로 사니까 외국인과 기관이 대량매물을 쏟아내면서 훗날에 재매수할 기회를 만들면서 끝났고, 다음날도 개인들이 대량 사자로 나오니까 다시 반등, 그리고 그날 밤 미국 장이 폭락하니까 다음날 개인들이 겁을 먹고 매도로 돌아서니까, 이때를 놓치지 않고 기관이 대량 매수하여 주가가 붕 뛰었다.

이 내용을 이차전지에 대입해 보면 1년 내내 부정적인 내용만 가득했는데, 이제 개인들에게는 쳐다보기도 싫은 주식이 되었다. 이제 반대로 외국인과 기관은 슬슬 주워 담고 있다. 즉 언제든지 자기들 마음대로 주가를 띄울 수도 있다고 나는 본다. 그 시기는 아마도 24년 연말 전후가 되지 않을까?

제5장

3년 장기투자,
결코 길지 않다

투자를 하면서 계획대로 잘 안 풀릴 때는 어떻게?

　주식이든 부동산이든 투자는 하고 있지만 뭔가 뜻대로 풀리지를 않고 계속 꼬이고 딱히 답이 보이지 않는다면 한마디로 말해서 의욕만 있지 되는 게 하나도 없다. 그렇다면 투자를 일시적이라도 쉬는 게 좋다. 즉 '쉬는 것도 투자'라는 말이 있듯 좀 멀리 떨어져 전체 판을 돌아보는 시간이 필요하다.

　주식을 하면서 장이 안 좋은데 계속 매달리다 보면 손실만 커지고 누적 손실을 복구하기 위해 이 종목 저 섹터주 사고팔다 하다 보면 어느 순간 내 계좌는 손실이 눈덩이처럼 불어난다. 어떤 투자자는 이걸 만회하기 위해 마구잡이 미수를 치고 덤비는데 이런 식의 투자는 결국 파국으로 간다. 앞에서 언급했듯 뭔가 앞이 안 보이고 뭘 매수해도 번번이 신통찮으면 무조건 재다 내려놓고 한 템포 늦추는 게 현명하다. 그래야 다음을 준비할 수 있고 시간이 지나면 차차로 앞이 조금씩 보이기 시작한다.

마음은 급하고 답답한데 쉬라고 하는 건 어려운 주문인지 모른다. 그래서 주식투자는 인내와 기다림이요 시간 투자다. 이 모든 걸 잘 견뎌내면 주식은 또 반등이 오고 투자의 보람이 생긴다. 주식투자란 개인이 마음 편하게 수익을 낼 수 있는 확실한 급등장은 1년 또는 수년에 한 번 올까 말까 한다. 그러기에 인내를 가지고 때를 기다리는 시간이 너무나 길어 대부분 사람은 불장이 오기도 전에 가지고 있던 총알(돈)을 다 소진해 버리고 손실만 잔뜩 생겨 본전만 오면 싹~ 팔아치우게 된다.

주가란 놈은 얼마나 야속한지 내가 그 주식 꼴 보기 싫어 던지고 나니 본격적으로 폭등이 시작된다. 즉 내가 사면 떨어지고, 내가 팔면 올라간다는 말처럼 개인 투자 80%가 이런 경험이 있다고 본다. 그래서 주식투자는 느린 거북이가 빠른 토끼를 이기는 게임이라고 말한다. 느긋한 사람이 길게 보면 수익률이 높다. 장기 긴 하락기엔 포트폴리오 정리를 철저히 하여 유망주, 믿음 가는 종목 약 3가지를 압축하여 이 종목들에 화력을 집중해 놔야 나중에 큰 장이 오면 제대로 수익을 낼 수 있다. 결론은 마음 급한 투자는 실패확률이 높다는 것이다.

3년 장기투자, 결코 길지 않다

필자의 주식투자는 솔직히 모멘텀 투자였다고 고백하고 싶다. 그동안 매매 일지를 뒤돌아보면 그때그때 테마에 따라 수급이 몰리는 종목에 스윙매매가 습관이 되었다. 그러다 보니 팔고, 사고, 매매 횟수가 많다. 그동안 매매 수수료가 엄청났으리라 본다. 이렇게 하다 보니 큰 수익을 놓치고 잔챙이 재미에 빠져 그런 세월을 보내왔다.

진짜 주식투자는 이런 투자 방식이 아니라 지속적으로 고성장하는 기업에 흔들리지 말고 장기투자해야 큰 수익을 맛볼 수 있는데 어떻게 하다 보니 준 도박 투자를 하게 되었다. 요즘에 와서 내 투자성향을 분석해보면 어떻게 하면 손실 안 보고 버텨볼까 그런 투자, 한심할 정도로 실망스럽다. 텐배거 가능성이 있는 종목을 어렵게 발굴하고도 30%만 올라가도 '웬 떡이냐.' 하고는 팔아치우고 나면 천정부지로 급등하는 걸 바라보면 주식할 맛이 안 난다. 이런 방식으로 계속해서는 절대 큰 수익을 낼 수 없다는 걸 뼈져리게 느낀다.

이제 세월 따라 투자방식도 많이 바뀐 매매를 하고 있다. 믿을 만한 종목 3가지 정도에 집중투자를 하는 중인데 우선 마음이 편하다. 떨어질 때마다 조금씩 사 들어가니까 수량도 늘어나고, 충격이 와도 전혀 불안을 느끼지 않는다. 이 방식은 25년 상반기까지 내다보는 중기 투자로 시간에 투자하는 여유로움이 있다.

중기 투자를 이렇게 마음먹고 있지만, 순간순간 고비가 있을 것이다. 장이 순환하게 내버려 두지 않고 많이 흔들 것이다. 이 모든 악재를 견뎌내야 나의 목표가 이루어질 것이니까. 주식투자는 인고의 시간 끝에 찾아오는 돈맛, 이렇게 잡아보면 3년 보유는 결코 길지 않다. 대가들의 책을 보면 10년, 더러는 20년도 장기 보유하라고 했는데, 운이 좋아 내년 상반기, 그러니까 앞으로 약 몇 개월 정도 더 기다림이야 기다릴 수 있지 않을까.

"여러분, 주식투자로 부자를 꿈꾼다면 필자가 해왔던 투자방식은 패스하고 모 작가님 말처럼 3년은 꼭 보유한다는 마음으로 여유로운 투자 하시기 바랍니다."

에코프로군, 비엠 주인공 '이동채', 이 사람을 알면 미래가 보인다

에코프로비엠은 2016년까지만 해도 매출 1,000억 원이 안 되는 중소기업이었다. 이 회사가 성장해 한 번에 10조 원대 수주계약을 성사시켰다. SK이노베이션에 3년간 10조 이상 전기자동차용 배터리 소재를 납품하기로 한 것이다. 시장에서는 이번 계약으로 세계 1위 스미토모를 제치는 것은 시간문제란 전망도 나온다. 이 이후에 우리가 알다시피 23년 7월엔 주당 150만 원까지 치솟는 위력을 보았다. 물론 지금은 캐즘으로 인해 쉬고 있지만 언제 무슨 일이 벌어질지는 아무도 모른다.

창업자인 이동채 에코프로 회장. 그는 "남들이 '그런 건 중소기업이 할 일이 아니다.'라고 하는 사업에 과감히 뛰어든 것이 오늘의 결과로 이어졌다."고 소회를 밝혔다. 상고, 야간대학(경영학과) 졸업, 은행원, 공인회계사를 거쳐 세계적 소재 기업의 창업자가 된 이 회장의 도전은 실패의 연속이었다.

그는 1990년대 회계사로 성공해 남부럽지 않을 만큼 재산을 모았다. 하지만 만족스럽지 않았다. '1만 명을 먹여 살리는 기업인이 되겠다.'는 생각에 사업을 시작했다. 지인이 하던 모피사업에 재산 대부분을 투자했다. 하지만 완벽하게 실패했다. 두 번째 도전에 나서게 만든 것은 잡지에 나온 제목 한 줄이었다. 1987년이었다. '교토의정서 체결' 기사와 '온실가스 감축'이란 단어에 꽂혔다. 직관이 발동했다.

직원 한 명을 데리고 사무실을 차렸다. 무작정 대전 대덕연구단지를 찾아가 동료를 규합했다. 연구원들을 설득해 소재 사업을 시작했다. 실패는 이어졌다. 수십억 원짜리 설비를 제품 생산도 못 해보고 날린 일도 있었다. 2006년 기회가 찾아왔다. 협업하던 제일모직의 임원이 "양극재 개발 일체를 맡아볼 생각은 없느냐?"고 제안했다. 당시 양극재는 노트북, 휴대폰 등 배터리 수요가 한정적이라 성장성이 높지 않았다. 전기차 시장은 먼 미래 이야기였다. 제일모직이 이 사업을 포기한 이유다.

이 회장은 고민했다. 그리고 결단했다. "어차피 남들 하는 것을 따라 해봤자 돈이 안 된다. 하지 않는 것을 해보자." 양극재는 2차전지 내 에너지를 저장·방출하는 역할을 한다. 지금은 없어서 못 파는 소재가 됐다. SK 이노에 공급하기로 한 그 제품이다. 성공의 이면에는 끈기도 있었다. 양극재는 2004년 시작했지만 10년간 적자였다. 시장이 열릴 것이라고 확신하고 버텼다. 이 집념이 2차전지 소재 가운데 최대 규모의 수주로 이어졌다. 《한국경제신문》 기사에서)

단기매매 타이밍 잡는 방법 = 매도까지

단기매매, 단타는 무조건 스윙 매매다. 순간 매수하여 몇 퍼센트, 얼마를 남기고, 어느 시점에서 매매하고 끝낼 것인가, 냉정한 판단이 꼭 필요하다. 우물쭈물하다 매도 타이밍을 놓쳐 수십만 원 남았던 주식이 잠시 후 보니 몇십만 원의 손실이 발생하는 건 아주 흔한 일이다. 그러나 매수 종목 선택과 그 타이밍상 급등이 나오든 반대로 빠지든 빠른 결단이 무엇보다도 중요한 게 단타 매매다.

매일매일 단타 매매할 종목은 어떤 기준으로 발굴해내나?

첫 번째는 장이 끝난 저녁에 전체 주식판을 보면 어떤 섹터, 어떤 종목이 거래량을 폭발하면서 시세를 분출했는지, 리스트를 뽑아놓고 다음 날 9시 장이 시작되면 먼저 선정해놓은 종목의 거래량을 체크하면서 잡을 것인가를 결정해야 한다. 빨라야 수익이 결정된다.

전날 선택된 종목 판단은 무조건 9시 2~3분대로 거래 폭주를 하면서 튀어 오르는 봉, 즉 뜨는 놈을 잡아야 단타 성공률이 높다. 그러나 그 조건에 딱 맞아서 매수했는데 7~15분이 지나면서 거래량이 죽고, 매수가 없이 올랐던 주식이 힘이 없이 하락 조짐이 보이면 또한 빠른 결단이 필요하다. 몇십만 원 손해 봤다 할지라도 과감히 손절을 해야 손실을 줄일 수가 있다.

그러니까 계속 우상향으로 쭉쭉 뻗어 올라간다면 수익 극대화로 계속 'GO!'를 외쳐야 하고, 반대로 매수한 종목이 거래량이 죽으면서 내린다면 싹 팔아치워야 편하다. 결과적으로 3종목 잡으면 2종목 성공하고 1종목은 실패. 여기서 가능한 단타 종목은 2~4가지 내로 하는 게 바람직하다. 종목이 많으면 결정도 늦어진다.

또 단타 금액은 가능한 한 1종목에 몇백만 원 선으로 하는 게 좋다. 금액이 너무 크면 상당히 부담되어 수익 내기가 어려워진다.

우선주 투자방법의 핵심은 바로 이것!

대형주를 투자할 때는 꼭 우선주를 봐야 한다. 해당 종목 보통주가 본격적으로 오르기 시작하면 우선주는 더 가파르게 오르는 게 기본이다. 그래서 삼성전자만 봐도 주식을 좀 하는 사람들은 보통주는 사지 않고 삼성전자 우선주를 공략하는 걸 볼 수 있다.

최근 박 작가님 계좌를 보면 LG화학 보통주는 없고 우선주를 보유하고 있는 걸 슬쩍 보여줬는데 현재 LG화학 보통주는 36만 원이고, 우선주는 25만 원으로 우선주 가격이 보통주의 절반 가격 선으로 알고 있는 게 상식이다. 그러나 우선주 바람이 한번 불면 무서울 정도로 우선주만 올라간다. 그래서 선수들은 우선주를 공략하기도 한다.

오늘 아침 신문을 보니 LG전자가 올해 들어와 돈을 많이 벌고 있다는데 보통주 대비 반 토막 가격에 거래되고 있는 실정이고, 현대차도 올해

실적이 좋아지면서 반 토막에서 지금은 70% 가까이 올라온 상태다. 항상 일정 가격대로 움직이는 건 아니고 매년 가격 변동이 심하다.

　대형 우량주를 매수할 때는 꼭 보통주와 우선주를 체크하고, 시기, 추세 등과 종합적으로 확인한 후 매수해야 손실을 줄일 수 있다. 또 한 가지 매력은 배당을 많이 준다. 그래서 배당주로도 투자하는 사람도 있다. 이미 말했듯이 우선주 테마가 제일 매력으로 봐야 하겠다.

　결론적으로 주식투자를 한다면 우선주도 함께 공부하기를 바란다. 결정적일 때 한방을 터뜨릴 수 있다는 걸 암기해두면 언젠가 기회를 잡을 수 있다. 단, 하나 주의할 것은 주식 수가 적다 보니 거래량이 많지 않다. 매수할 때는 소량으로 조금씩 살 수가 있는데 기업에 문제가 생겼을 때 즉시 매도가 쉽지 않다. 거래량이 너무 적어 급하게 손절하기가 어렵다. 또 하나는 우선주는 기업에서, 아니면 작전세력이 집중적으로 관리하는 종목이 많다는 걸 미리 알고 있어야 한다.

제6장

주식투자
이야기

주식투자 길게 하면 가정불화가 생긴다

매일 새벽 헬스장에서 함께 운동하는 건축하는 김 사장 장인어른(80대), 수십 년째 주식투자를 하고 있는데 작년에 집 판 돈 일부를 주식에서 탕진하고 지금은 부인과 자식들까지 들고일어나 아버지 주식 못하게 한다며 난리가 났다. 노인이 갑자기 주식을 못 하게 되니까 금단 증세가 발작하여 집안이 말이 아니라고 한다. '주식도박.' 필자 또한 저 꼴 날까 봐 심히 걱정이다.

농담으로 장인어른은 완전 아날로그 주식투자자이고, 난 5.5반 디지털 투자자. 물론 젊은 투자자들은 완전 디지털 투자자라고 볼 수 있지만, 문제는 옛날 방식으로 남의 머리만 빌려 투자한다면 분명 패가망신할 도박이 맞다. 그러나 달리 생각해 보면 장사도 안 된다. 사업도 안 된다. 뭐 되는 게 없는 세상, 월급만으로 집 사고 땅 사고 잘 먹고 잘살기는 이제 안된다.

물가도 너무 높지만, 돈의 가치가 하루가 다르게 하락하는 지금의 시대에 어딘가에서 투자수익을 올려야 그런대로 남 따라는 갈 수 있지 노동으로 올린 소득만으로는 아이들 키우기는 정말 힘든 세상이고, 자신의 노후가 암울하다.

다행히 아날로그 주식투자 시대에 비해 수많은 정보와 데이터가 쏟아져 나오기에 나름으로 열심히 공부만 한다면 어느 정도는 기업 분석이 가능한 시대에 와 있다. 결과적으로 감쪽같이 속고 투자하는 건 피할 수가 있다는 것이다.

결론을 짓자면 주식투자는 분명히 하는 게 맞다고 본다. 단, 확실한 기업을 찾아내어 약 3개 정도 종목에 집중적으로 중·장기 투자를 한다면 이건 도박이 아니고 내 노후를 지켜줄 든든한 투자로 봐야 한다. 말도 안되는 '주식은 도박'이라는 말에 흔들릴 수 없다. 분명히 이 암울한 시대에 주식투자가 현대인에게 필수다.

주식투자로 부자 되고 싶다면 배포를 키워라

배포는 하루아침에 그냥 생기는 게 아니다. 수많은 실전 경험이 쌓이면서 생긴다. 특히 주식투자는 피 같은 돈이 오고 가는 냉혹한 투자라 처음부터 술술 잘 풀리면 자신감이 충만해지는데, 반대 현상이 계속해서 생기면 자신도 모르게 위축되고 소심해진다.

주식 초보자라도 처음부터 투자하는 종목이 연속해서 수익이 난다면 일단은 자신감도 생기고 작은 파도에도 그렇게 휘둘리지 않고 배짱 있게 밀고 나갈 수 있는데 반대로 처음 투자부터 꼬이기 시작하면 자신감이 떨어지고 소심해져 기회가 와도 과감히 지르지를 못한다. 아마 누구든지 초보일 땐 그런 투자자일 거라고 본다. 생각지도 않게 엉뚱한 종목에 발이 묶이면 더더욱 어떻게 할 방도 없이 고민하면서 결단을 내릴 수가 없다. 주식투자자의 배포는 경험과 깊이 있는 공부가 되어 있어야 비로소 물려도 배짱이 생긴다.

단타야 수급에 따라 그때그때 상황을 보면서 타이밍에 맞춰 민첩하게 하면 되지 기업이 좋고 나쁜 건 아무런 관계가 없다. 어느 시점에 사서 성공이냐 실패냐 손절 라인을 정해두고 기계적으로 행동하면 된다. 문제는 중·장기 투자종목이다. 우량한 종목을 선택했다 할지라도 시간이 지나면서 뭔가 안 좋은 뉴스가 나오고 분위기상 섹터도 밀린다는 신호가 보인다면 종목에 대한 믿음이 흔들릴 수 있다.

이럴 때 흔들리지 않고 진짜 배짱 있게 밀고 나갈 수 있는 용기는, 첫 번째는 대상 기업을 속속들이 알고 있다면 가능하고, 두 번째는 일시적으로 기업이 문제가 생겼다 할지라도 미래를 보고 2~3년 장기로 시간을 보낸다면 걱정이 없어진다. 또 한 가지 독한 승부 근성이 있어야 결코 지지 않고 이기는 게임을 할 수 있다.

결론은 배짱과 종목에 대한 깊이 있는 공부가 되었다면 걱정 없이 편한 마음으로 주식을 들고 갈 수 있다.

나는 왜 에코 & 포스코에 집중 관심이 가는가!

작년부터, 그러니까 23년 초부터 현재까지 앞으로 2년 후까지 필자의 중심 포트폴리오는 에코프로, 에코프로비엠, 포스코홀딩스, 포스코퓨처엠에 집중되어 있다. 무엇 때문에 그 많은 주식 중에 이차전지 소재 기업 몇 가지에 꽂혔을까. 답은 한 가지, 시대에 딱 맞고 기하급수로 고성장하는 주식인데 작년이 1차로 에코프로가 보여줬다. 단 몇 개월 만에 6만 원대에서 150만 원까지 단숨에 급등하는 걸 주식을 하는 사람들은 다 보았다.

그러니 배터리 기업 중 비중이 큰 양극재 소재 기업에 관심을 끊을 수가 없는 것이다. 세상에 무엇이든 처음 나오면 '핫'했다가 시간이 지나면서 인기가 시들해지는 게 세상 이치. 지금 이차전지가 딱 그 상황이다. 작년까지 뜨거운 시간을 보냈고, 올해 들어와 잠시 쉬고 있는 중으로 봐야 한다. 그러나 근본적으로 판이 확 달라지는 건 전혀 아니다. 이미 예정된 거대한 산업으로 어느 시점에 도달하면 다시 확 달아오르는 전기차 시대가 될 것이기에 이들을 싹 매도하는 건 주식을 포기하는 거나 마찬가지다.

역발상으로 보면 어쩌면 지금이 너무나 싸졌기 때문에 모아가기 좋은 타이밍으로 봐야 할 것이다. 많은 전문가가 24년 올해는 포스코홀딩스를 하라고 말하고 이 주식이 40만 원 이하에선 무조건 사모아야 한다고 이야기해 왔는데, 내 눈엔 포스코홀딩스보다 포스코퓨처엠이 더 좋아 보인다.

왜냐하면 홀딩스는 철강+배터리로 주식이 너무 무거운 느낌을 받았다. 퓨처엠은 철저히 이차전지 소재 기업에 집중되어 있어 올라갈 때 탄력이 좋았던 기억이 난다. 다행히 지금은 고점 대비 60%가 빠져 있는 가격이라 부담 없이 모아가기 참 좋은 시점이라 보여진다. 수주물량도 100조 원 이상 받아놓은 상태이고 믿고 길게 가져가면 분명히 좋은 결과가 따라올 것으로 보인다.

'10배 올라가는 텐배거가 될 종목'을 찾는 방법

어떤 종목이 1년 전후 만에 10배의 주가가 올라가려면 분명히 특별한 뭔가를 갖추고 있어야 한다. 그럼 하나씩 나열해 보자.

첫 번째는 매년 매출과 영업이익이 100%씩 점프하는 고성장을 해야 하고, 앞으로도 3~5년 이상 성장이 담보되고 예정되어 있어야 신뢰성이 높다.

두 번째는 빚이 없어야 한다. 즉 무차입 경영이 되어 있어야 확신을 더 높일 수 있다. 그렇게 매년 돈을 잘 벌고 있는데 빚이 많이 있으면 말이 안 된다.

세 번째는 시대에 맞는 테마 업종이어야 가능하다. 시대의 중심 종목이어야 각종 매스컴을 타게 되고, 그래야 수급이 집중적으로 들어온다.

이 모든 걸 갖췄다 할지라도 텐배거 주식이 된다는 보장은 없다. 우선 아무리 대단한 종목이라도 주가를 조정하는 세력이 있어야 하고 지속적으로 이슈화할 수 있는 인기를 받아야 비로소 급등이 나올 수 있다.

주식투자는 미리미리 가능성이 있는 종목을 발굴해 놓고 늘 매의 눈으로 관찰한다면 어느 지점에서 포착할 수도 있다. 평소에 공부를 해뒀기에 흔들림 없이 길게 가져갈 수도 있고 잘하면 큰 수익을 맛볼 수 있는 대박을 낼 수도 있다.

최근 10배 이상 급등한 텐배거가 된 종목을 연구해보자.

에코프로 : 작년 봄에 6만 원대 있을 때 위 순서대로 절대 고성장이 시작됐고, 무차입은 아니지만, 영업이익이 엄청나 돈이 펑펑 쏟아졌다. 시대에 꼭 맞는 전기차 소재 기업으로 사람들 시선을 집중적으로 받을 수밖에 없는 조건이 딱 맞아떨어졌다. 그러다 보니 단 몇 개월 만에 20배 이상 올라 슈퍼 텐배거 주식이 되었다.

이 외에도 현재 주식은 여러 기업이 나왔고, 지금도 진행 중인 종목도 있다. 단지 우리가 찾아내지 못할 뿐이고, 포착했다 할지라도 길게 가져가면서 수익 극대화를 즐기지 못하고 조급한 마음에 중도에 매도하여 너무나 많은 아쉬움을 남기고 허탈한 기분이 들 때가 많다.

매수 잘하는 방법은 없나?

주식투자를 하는 사람 누구나 '매수를 어떻게 해야 실수 없이 잘할 수 있을까?' 고민하고 여기저기 정보를 찾아보고 나름 공부를 한 후, 매수를 결정하게 되는데 그렇게 심사숙고 끝에 매수를 해보지만, 막상 시간이 지나고 보면 대다수 50~70%는 잘못된 매수 결정으로 이어지면서 손실이 발생한다.

각종 매스컴을 통해 어떤 테마가 유망하고, 그래서 그 테마 대장주에 수많은 사람이 매수주문을 내게 되고, 거래가 폭발하면서 주가가 급등한다. 그렇게 급등하는 주식을 매수할 때는 분명히 나만의 확실한 기준을 세워놓고 1, 2, 3차로 분할매수를 얼마나 투자할 것인지까지 결정하고 신속하게 움직여야 실수 없이 수익을 낼 수가 있다. 반대로 빠져나올 때도, 분할로 매도하고, 그중 30%는 남겨놓고 시장 상황을 지켜보면서 대응하면 된다.

변동성 심한 종목은 좀 더 세밀히 매수, 매도를 결단해야 손실 없이 수익을 내고 마무리할 수 있다. 여기서 필자의 경우는 매일매일 장이 끝난 저녁에 전체 장을 분석해보고, 외국인과 기관이 어떤 섹터를 매매하는지 파악한 후 가능성이 큰 종목을 선정하여 현재 시장에 부합되는 종목인지 체크한 후 우선순위를 매겨두는데 다음날 미국 장 흐름을 대입해 본 후 최종 매수 종목을 결정한다.

　　또 하나, 내가 평소에 매수하고 싶었던 종목이 갑자기 거래량에 변화가 있다면 적극적인 관심을 가지고 지켜본다.

　　주식의 생리는 많이 올라간 종목이 어느 순간부터 더 못 올라가고 저항선에 무뎌져 한동안 제자리로 머문다면, 얼마 못 가 하락한다고 봐야 하고, 반대로 계속 하락하던 주식이 그동안의 하락을 멈추고 옆으로 횡보를 한다면 얼마 안 가 올라간다고 보면 된다.

　　결론은 내가 매수할 종목을 분명하고 충분히 공부하여 알고 사야 실패를 줄일 수 있지, 모르고 산 주식이 수익이 났다 할지라도 그 돈은 내 돈이 절대로 안 되고, 오래지 않아 원금까지 더 큰 손실을 본다는 걸 명심해야 한다.

누군가 했다면 니도 할 수 있다.

지금은 자기경영시대다. 남들과 똑같이 해서는 살아남을 수 없다. 튀지 말고 보다 더 다르게 나를 차별화하자.

지독한 인내가 요구되는 투자의 세계. 나 자신을 벼랑 끝에 세우고 할 수밖에 없는 상황으로, 안 하면 안 되는 상황으로 자신을 몰고 가자. '안 하면 끝장이다.'라는 끝장 정신으로 과감히 베팅하라.

인생에 대해 끊임없이 질문을 던져라.

아무리 어려운 문제도 투자원칙 공부로 이겨내는 투자자가 될 수 있다고, 매매 습관을 바꾸자. 그래야 변한다. 주식투자 최우선 성공조건은 나 자신을 이기는 것이다.

2024년 9월

통일성에서 **필자**

제7장

성공하는
주식투자는

주식은 언제 사고, 팔아야 하나?

주식을 하다 보면 눈에 띄는 종목이 보인다. 스윙 매매를 한다면 즉시 잡아 적당히 수익 보고 매도하면 끝. 그렇지 않으면 분할로 매수한다. '투자금액에 얼마를 쓸까. 오늘 내로 생각한 숫자가 나오면 매도처리 할까?'를 염두에 두고 판단은 빠르게 결정해야 한다. 아니면 2~3일 보면서 손절할까. 여러 가지의 시나리오를 생각한다.

반대로 보유주식이 올라가도 팔고 싶고, 빠지면 더 하락할까 봐 매도하고 싶은 생각에 마음이 오락가락한다. 또 한 가지, 보유종목이 옆으로 행보만 하고 한동안 지루하게 움직이질 않는다면 잘 가는 다른 주식과 비교가 되니까 싹 팔아치우고 싶다. 주식을 하는 사람은 주변의 작은 소리에도 생각도 바뀌고 마음도 흔들리게 된다. 잘못된 판단이 얼마나 손실을 주는지를 초보자보다 주식을 오래 한 사람일수록 더 민감하게 판단을 내린다. 평소 시세에 뭔가 이상이 감지되면 얼른 팔아치운다.

이러한 분들 많으리라고 보는데, 반대로 누군가 좋다고 하면 지르고 보는 사람도 있다. 그렇게 하다 보면 맨날 손실이다. 한참 후에 계좌를 보면 처참하다. 솔직히 필자도 귀가 얇아 많이 당했다. 전문가들이 그 주식 좋다고 여기저기서 하면 무조건 사고 보는데 그때마다 꼭 하루 이틀만 방송발로 조금 오르다 또 한눈파는 순간 쭉쭉 빠진다……. 이렇게 물린 주식이 한두 개인가, 이제 나는 이런 엉터리 같은 투자를 안 한다. 내가 공부한 종목을 선별하여 매수 타점 자리가 오면 산다.

매수한 주식은 시장 분위기를 보면서 단기냐, 중기냐를 결정하고, 추가 매수는 디테일에 들어가 깊이 있는 종목 기업 내용을 파면서 결정한다. 결국 오른다는 건 수급이 좋아야 안심하고 지켜볼 수 있다. 좋은 뉴스가 연속적으로 나와도 거래량이 확 줄어버리면 매도를 고민해야 한다.

결론은 주식이 매수, 매도를 한방에 하면 실수 확률이 높다. 좋게 보이면 즉시 조금만 발을 담가 분위기를 지켜보면서 사 모으라는 것이고, 파는 것도 한 번에 팔지 말고 분할로 조금씩 천천히 매도하되, 긴급하게 느낌이 올 때 신속하게 싹 팔아야 손실을 줄인다.

어찌 보면 나의 투자성향을 잃지 않는 투자자로 봐야 한다. 잃지 않으려면 불장이 올 때만 해야 하는데 그러기에는 너무 지루하니까 총금액에서 30~40% 이내만 투자하고 60% 이상은 현금을 들고 있어야 생각지도 못한 순간의 기회를 잡을 수가 있다.

가슴 떨리는 주식을 사라!

주식투자로 인생을 한번 바꿔보겠다면 이미 오래전에 성장이 지나버린 늙은 기업 주식을 사지 말고, 젊은 기업으로 역사는 짧아도 업종 자체가 시대에 맞고, 매년 고성장하면서 기업이 하루가 다르게 커질 그런 종목을 찾아 집중투자를 한다면 성공확률이 높다. 잘 고른 종목 2가지 정도로만 계속 투자해도 안전하게 수익이 난다. 괜히 여기저기 왔다 갔다 하다 보면 리듬만 잃고 실패할 확률이 높다.

요즘 세계 주식시장을 보면 국내보다는 미국 시장이 훨씬 안정적이고 잘 올라가고 있다. 국내 큰손들이 국장에 실망을 느끼고 이미 미국 시장으로 옮겨간 상태다. 그러다 보니 국내시장은 갈수록 줄어들고 매수 주체가 없어 오후만 되면 힘없이 줄줄 흘러내린다. 그럼 앞으로 국내시장은 희망이 없는 것일까. 난 그렇게 보지 않는다.

현재 미국 장을 보면 올해 AI 반도체 관련주가 너무 많이 올랐다. 엔비디아를 비롯하여 기술주들이 계속 신고가를 경신하면서 줄곧 올라왔다. 사실 그래프를 보면 아찔할 정도다. 결국 '산이 높으면 골이 깊다.'고 하지 않았던가. 지금 미국 장은 조심할 때이지 공격적으로 투자할 장이 아니다. 여기다 수익 좀 났다고 매도하면 연말에 양도소득세 내고 나면 실질적으로 별로 남는 게 없다.

그럼 현재 우리 장은 반대로 줄곧 내리기만 했다. 특히 이차전지는 올해만 -30%가 빠져 있다. 원자재 하락에다, 캐즘이다, 경기침체다, 금투세다 등으로 매출도 많이 줄고 영업이익은 적자로 돌아선 기업도 속속 나온다. 외국인과 기관은 거래소 대형주만 공략하고 배터리 주식은 계속 팔고 있는 실정이다. 개인들도 이제 지쳐서 눈물을 머금고 매도치고 탈출하기 바쁜 모양새다.

개인들에게 하고 싶은 말은 조금만 참고 기다리면 분명히 좋은 날 볼텐데 안타까운 심정이다. 주식투자는 어차피 단기 게임이 아니고 전망이 밝은 종목을 발굴, 내려갈 때 고마운 마음으로 사모아서 기업이 좋아지면 주가도 급등이 나온다. 그럴 때 수익 내고 나오면 된다. 2차전지 성장은 이미 예정된 산업으로 앞으로 오를 일만 남았는데 뭘 걱정하고 팔고 올라갈 대로 올라간 미국 장으로 옮긴단 말인가. 기회는 날마다 오는 게 아니다. 지금 가슴 떨리는 주식은 바로 이차전지 주식이다.

이런 좋은 주식이 이런저런 이유로 지금 바겐세일 중인데 이걸 두고 딴 생각한다는 건 돈을 피해 가는 거나 다름없다. 이 말의 결과는 빠르면 24년 4분기, 연말부터 나타날 수도 있다. 결론은 미국 장도 아니고, 국내 대형주도 아니고, AI 반도체도 아니다. 바이오까지도 너무 오래 머물러 있을 여유가 없다. 앞뒤 너무 재지 말고 배터리 주식만 사모아라.

매도는 25년 하반기 가서 생각해 보면 된다.

2025년, 주식투자로 큰 수익이 나면 80%는 뽑아 아파트를 사라!

 이 책을 보시는 여러분들에게 주식과 부동산 투자를 오랜 세월 한 '찐 경험자'로서 꼭 전하고 싶은 말은 바로 이 대목이 본질이라고 말하고 싶다. 수십 년 온통 투자에 관심이 쏠려있었고 부동산 현장답사를 1년에 5만 킬로 이상 운행을 하고 돌아다녔는데 그동안 사고판 물권 계약서만 셀 수 없을 정도로 많다. 주식 실전 투자를 근 33년을 매일같이 매매해 왔는데 아직 깡통 한 번 안 만나고 이렇게 살아남아 지금도 주식과 부동산 투자를 친구 삼아 즐기고 있다.

 많은 세월 동안 주식에 투자하는 사람을 보았는데 진짜 주식투자로 성공한 사람을 보니 우연히 불장을 만나 폭등하는 종목을 잘 잡고 눈만 뜨면 또 급등, 이런 날이 근 두 달 정도 가니까 돈이 투자금 대비 3~5배가 불어났다. 그때 이분이 갑자기 90%를 싹 팔아서 임대로 장사하던 건물을 매입했는데 이게 2년 후 더블로 올라 완전 대박. 지금은 2백억 원대 자산

가로 살고 있다. 반대로 주식투자로 한때는 엄청나게 벌었는데 돈을 안 빼고 너무 큰돈으로 한 번도 안 쉬고 계속하니까 대 하락장을 만나 그 많은 돈 다 털리고 병까지 얻어 인생이 엉망인 사람도 필자는 보았다.

주식투자 1년 내내 한다고 수익이 많이 나올 거로 생각하지 마라. 장이 불투명하고, 종목 선정이 안 보일 땐 몇 개월이라도 쉬면서 멀리서 장을 바라보는 것도 좋은 대안이다. 주식전문가들과 각종 유튜브를 보면 계속 유혹을 하는데 그들은 돈벌이 수단이기 때문에 누구라도 못 빠져나가게 잡아두려고 한다. 1년 내내 달콤한 미끼를 개인 투자자들에게 던져준다. 여기 계속 빠져 있다가는 자칫 인생을 망칠 수도 있다.

주식투자로 한몫 잡으면 무조건 입지 좋은 아파트를 사라는 것이다! 말이 있지 않은가. '땅(아파트)은 거짓말 안 한다.'고, 주식에 투자해서 돈만 생기면 부동산을 사모아라는 것. 빌라라도 좋다. 이게 진정한 성공 투자의 공식이다. 이렇게 하면 노후가 평안해지고 풍요로운 말년을 보낼 수 있다.

2차전지는 리튬 가격이 확실히 반등해야 올라간다

앨버말 : 호주 인력 40% 감축, 포스코홀딩스 등 대응책은

세계 최대 리튬 생산업체인 앨버말이 호주에서 사업을 축소한다. 전기차 수요 부진으로 광물 가격이 급락하자 글로벌 광산업체들이 구조조정에 나서고 있는 것이다. 광물사업을 오랫동안 준비해온 포스코홀딩스 등 국내 업체의 긴장감도 높아지고 있다.

배터리업계에 따르면 앨버말은 호주 캐머튼 수산화리튬 공장 인력을 40% 감축한다. 앨버말은 당초 캐머튼 공장의 연간 생산량을 현재 5만 t에서 10만 t까지 늘릴 계획이었지만, 연간 2만 5,000t으로 생산목표를 대폭 낮췄다. 전년도 2분기 60억 5,000만 달러(약 8조 원)의 이익을 낸 앨버말은 올해 2분기에는 1억 8,800만 달러의 순손실을 냈다.

리튬 가격은 전기차 수요 부진으로 꾸준히 하락하고 있다. 상하이 거래소에서 순도 100% 리튬은 현재 t당 8만 800위안으로 2022년 최고가(톤당 60만 위안)의 7분의 1 수준이다. 켄트 마스터스 앨버말 최고경영자는 "시장은 개선되지 않고 있으며 오히려 조금 더 나빠졌다."고 말했다.

글로벌 광산업체인 BHP는 오는 10월부터 호주 니켈 사업을 잠정 중단하기로 했다. 앞서 와이루 메탈스, 파노라믹리소스 등 호주 주요 니켈 개발업체도 사업을 중단했다.

글로벌 광산업체들의 구조조정은 적극적으로 광산개발에 투자해온 포스코홀딩스 등 국내 업체들의 경영에도 영향을 미칠 전망이다. 포스코홀딩스는 직접 투자한 호주, 아르헨티나의 리튬, 니켈 광산을 이용해 대량생산체제를 구축 중이다.

포스코그룹 관계자는 "제품 퀄리티를 높이는 조업 안정화 등에 투자하며, 가격 약세 시기를 견딜 계획"이라며 "오히려 이 기회를 살려 가격이 크게 낮아진 우량광산 자산 등을 확보할 계획도 있다."고 말했다.

(2024년 〈한국경제신문〉 기사에서)

결론은 이 모든 걸 볼 때 24년 상반기까지는 최악이지만 하반기를 지내면서 회복기로 접어들어 25년 상반기가 되면 화려한 비상이 기대된다고 봐야 하고, 이럴 때 포스코처럼 개인도 싼 가격에 양극재 주식을 모아가는 게 현명한 투자방법이다.

싼 주식(저가 종목)만 투자하는 사람

어쩜 그렇게 싸구려 주식만 사는지 알 수가 없다. 필자의 선배 이야기다. 주식투자도 오래 하셨고 인품도 좋은 분들인데 나이가 70대 중반, 주식투자 은퇴 나이도 지난 분들이다. 이분들 투자패턴이 아주 비슷하게도 초저가 종목만 찾아 투자한다는 것. 철저하게 박살 나고 휴지가 되다시피 한 그런 종목에 매달리는 걸 누차에 보았다.

기업 재무지표나 전망 등 무엇 하나 기대할 것이 없는 회사들이다. 이런 기업 주식을 가지고 있는 사람도 늘 불안하고 '내일이라도 급등 나오면 싹 팔아치워야지', 대부분이 주식을 사는 사람의 심리가 똑같다고 볼 수 있다. 달리 보면 한탕주의, 짧은 기간 대박을 좇는다고 봐야 하지 않을까.

정상적인 주식투자가 아니라 모험 같은 도박이다. 마음이 아프기까지

하고, 옆에서 보기에도 '안타까운 주식투자를 하는구나.'라고 생각된다. 결국 세력들에게 남은 종잣돈마저 날리고 만다는 것(단, 요즘 젊은 친구들 단기매매를 하여 수십억 원을 번 친구들도 나온다).

솔직히 말해 저가 주식으로 대박 나는 사람, 나는 아직 한 번도 보지 못했다. 오히려 생명만 단축시키고 만다.

늘 말했듯이 주식투자는 시대에 맞는 영웅주식을 찾아 사 모아야 수익이 나는 것이다. 투자하는 기업이 가고자 하는 비즈니스 모델이 반짝반짝 빛나야 하고, 재무지표는 말할 것도 없고 그 기업을 이끌고 있는 CEO 사람 능력을 파헤쳐 보아야 비로소 결심하고 투자할 수 있는 것이다.

결론적으로 초저가 주식은 말 그대로 이렇게 해서는 마음 놓고 주식투자를 할 수가 없다. 가능한 피해야 할 종목이지, 투자 대상은 아니라고 말해주고 싶다.

한 예로 이런 주식투자를 하면 마음 놓고 여행도 한 번 갈 수가 없다. 툭하면 관리종목으로 편입되기도 하고, 상장폐지도 심심하면 나온다. 아주 조심할 종목이지 투자할 주식은 아니다.

제8장

주식투자는
돈이다

부자가 되고 싶다면 성공한 사람을 연구하자

"부자, 누구나 되고 싶지요."

그러니까 위험한 주식투자도 하고 더 빨리 돈을 벌고 싶어 선물 옵션까지 덤비는 사람이 많다. 얼마나 위험한 투자인지도 제대로 알지 못하면서 남 따라 시작하는 사람도 많이 봤다. 난 이런 위험한 투자 절대 하지 않는다. 내 주변 사람 여러 명이 급하게 돈 벌려고 하다 쪽박 찬 사람 여러 명 있다.

부동산 투자도 마찬가지다. 최근 몇 년 사이 벼락부자 열풍이다. 부동산이 미쳐 돌아가니까 젊은 친구들이 은행 돈으로 겁도 없이 마구잡이로 부동산을 샀다. 물론 성공한 사람도 있고 엄청난 손실 본 사람도 있다.

투자의 핵심은 타이밍이다. 어떤 투자라도 타이밍만 정확히 잡으면 쉽게 성공. 하지만 반대로 긴 하락기에 '영끌'이다, 선물·옵션이다 하는 투

자에 올라타면 약도 없이 골로 간다. '여러분, 무조건 부자 되고 싶다고 이런 위험한 투기 하시겠습니까.'

제가 제시하고 싶은 말은 좋은 아파트를 갖고 싶다면 아파트 투자로 성공한 사람을 만나라는 것이다. 물론 관련 책도 많이 보면 시야가 넓어진다. 땅을 갖고 싶으면 땅의 각 분야, 즉 근린생활 땅, 공장용지 땅, 상업지, 주택지, 농지, 임야, 경·공매 등 각 분야 전문가가 있다. 이분들을 찾아다니면서 정보도 얻고 '열공'하라는 것이다.

주식도 마찬가지다. 전문가가 알려준다는 유료회원에 가입하여 하늘만 쳐다보고 주는 떡만 받아먹을 게 아니라 본인이 실전을 쌓으면서 경험이 많은 사람을 찾아 소통을 해보라고 조언하고 싶다. 아무래도 실전 경험이 많은 사람은 급락장이 오면 대응능력이 초보자와 다르다. 그래서 계좌가 녹는 깡통 같은 일은 절대 발생하지 않고 불장이 왔을 때 많은 수익을 낸다.

세상일이란 급할수록 돌아가라고 하지 않았던가. 부자가 되고 싶다고 마구잡이식 공격적으로 투자하다 보면 패인으로 가는 지름길이다.

마음만 부자가 되고 싶다고 해서 되는 것이 아니다. 평소에 경제 관념을 키우면서 현장에 뛰어들다 보면 분명히 기회가 찾아온다. 그때를 놓치지 말고 적극적으로 꽉 잡으라고 말해주고 싶다.

결론은 한 살이라도 젊었을 때 여기저기 투자 공부에 푹 빠져보는 것. 한 10년만 그쪽에 빠져 있으면 원하는 자산가로 분명히 변신해 있으리라 단언한다.

2025년, 나의 모든 돈은 이차전지 소재 기업에 올인한다

물론 셀기업, LG엔솔, 삼성SDI도 욕심나고 탐나지만 투자할 돈이 부족하여 일부만 투자 중이다. 지주사 기업, 포스코홀딩스, 에코프로 등은 집중관리대상이다. 장비 기업들도 눈여겨봐야 하는데 피앤티, 윤성에프앤씨, 탑머티리얼 등도 관심집중기업이다. 필자가 집중하고 있는 소재 기업을 보자면, 에코프로와 에코프로비엠, 에코프로머티리얼즈가 집중 관심 대상이다. 엔켐은 돈만 많다면 몽땅 사고 싶은 기업이다. 코스모신소재, 엘앤에프, LG화학, 대주전자재료, 나노신소재, 롯데에너지머티리얼즈……. 그리고 다시 한번 포스코퓨처엠을 살펴보자.

포스코퓨처엠 2030년 목표 공개 = 매출 43조, 영업이익 3.4조 달성

김준형 포스코퓨처엠 사장이 28일 2030년 매출 43조 원, 영업이익 3조 4,000억 원, 시가총액 100조 원을 달성하겠다고 밝혔다. 지난해 매출

3조 3,000억 원의 13배, 영업이익 1,659억 원의 20배 이상을 올리겠다는 공격적인 목표다. 영업이익률 목표는 7.9%다.

"미국 인플레이션 감축법(IRA)에 따라 글로벌 완성차 업체들의 공장투자 요청, 양극재, 음극재 주문이 쇄도하고 있다."고 강조했다. 이어 "GM, 포드, 혼다 등 많은 업체와 공급을 논의 중이라며, 특히 유럽 완성차 업체와 여러 차례 접촉하고 있다."고 덧붙였다. 이 같은 납품 요청을 기반으로 2030년 목표를 달성할 수 있다는 설명이다.

김 사장은 최근 완성차 업체가 앞다퉈 적용 중인 저가형 LFP(리튬 · 인산철)와 LFP에 망간을 더한 LMFP 양극재 생산계획에 대해서도 밝혔다. 그는 "그룹 연구소 등에서 원료인 인산을 저렴하게 구해 생산하는 공법에 관한 연구를 거의 완료했다."며 "양산 전 단계인 사전제조 설비투자를 검토 중"이라고 설명했다.

이어 "LFP 기술을 보유한 기존 기업과의 합작도 검토하고 있다."며 "연말까지 가시적인 성과가 나올 것"이라고 덧붙였다. 납품을 요청 중인 고객사와 최종 계약에 합의하면 양산라인을 신설한다는 계획이다. (《한국경제신문》 기사에서)

배터리 '4680 배터리', 양산만 하면 대박, 누가 하나?

LG엔솔, 12월에 삼원계 양산 / SDI, SK온 상용화 속도전

상업화에 성공하면 말 그대로 대박이다. 판도를 바꿀 무기가 될 수 있다. 요즘 국내 배터리 3사의 최고기술책임자(CTO)들이 '4680 원통형 배터리'에 대해 공통적으로 하는 얘기다. 일상생활에서 흔히 보이는 AA 건전지와 비슷한 크기의 '2170 원통형 배터리'를 확대한 '4680 배터리'의 대량 양산 가능성이 커지면서 업계에선 오랜 숙원이 풀리고 있다는 말도 나온다.

'4680 배터리'는 기존 배터리 유형에 비해 에너지 효율은 물론 최근 주목받고 있는 전기차 화재 문제도 대폭 개선할 수 있는 첨단 배터리다. 전고체 배터리가 안전에서 꿈의 배터리로 언급되지만, 상용화를 위해선 10년 이상의 시간이 걸릴 것으로 예상된다. 배터리 업체들이 '4680 배터

리'를 실현 가능한 돌파구로 여기고 본격적인 전쟁을 준비하고 있는 배경이다.

배터리업계에 따르면 '4680 배터리' 양산에 선착하는 업체는 LG에너지솔루션이 유력하다. LG엔솔은 올해 12월부터 충북 오창공장에서 삼원계 '4680'의 양산을 시작한다. 내부적으로 양산 성공을 위해 전사적인 투자를 하고 있는 것으로 알려졌다. '4680'은 양극재, 음극재, 전해질, 분리막으로 구성된 셀을 둘둘 말아 대형 원통형으로 만들어야 하는데 양산 난이도가 기존 유형과 비교할 수 없을 정도로 높다.

삼성SDI는 내년 양산을 목표로 하고 있다. 기존 계획은 2026년이었지만 시장 판도를 읽고 양산 계획을 1년 당겼다. SK온 역시 '4680'을 게임 체인저로 여기고 이성희 대표가 '4680' 태스크포스(TF)를 직접 이끌고 있다.

테슬라는 아예 '4680' 자체 생산을 시도하고 있다. 일론 머스크는 지난 2분기 주주총회에서 "'4680'이 가장 경쟁력 있는 배터리 셀이 될 것"이라고 밝혔다.

주요 배터리 업체들이 '4680'에 뛰어드는 건 '슈퍼셀'이라고 불릴 만큼 장점이 크기 때문이다. '4680'의 가장 큰 장점은 안전성이다. 기존 제품에 비해 셀을 적게 쓰는 데다 커진 만큼 내부 공간이 많아 배터리 내부에 가스나 열이 발생하더라도 열 폭주로 이어지지 않도록 제어할 수 있다. 배터리업계 관계자는 "배터리팩 내부에 쿨링 시스템을 장착하기도 편하다."고 설명했다.

각형의 리튬인산철(LFP)을 내세워 글로벌 시장 점유율을 높이는 중국 회사들의 진격을 막을 수 있는 무기로도 여겨진다. 중국에서 CATL 등이 '4680' 개발에 나서고 있다는 분석이 나오고 있긴 하지만 개발 기간이 짧아 아직 K-배터리와의 기술격차가 크다. (2024년 〈한국경제신문〉 기사에서)

내가 관심 있고, 잘 아는 기업 주식을 사라!

LG엔솔, 12월에 삼원계 양산 / SDI, SK온 상용화 속도전

주식투자로 깡통 차는 사람들 유형을 보면 기업에 대해 전혀 알지도 못하면서 유행 따라, 기분 따라, 전문가 따라 다니다 손실이 눈덩이처럼 생기면, 그걸 만회하기 위해 급하게 욕심을 내다 돌이킬 수 없을 지경에 빠지는 경우가 대부분이다. 특히 자기 자금만 하는 게 아니라 신용과 미수 치고 주변 사람 돈까지 끌어다 마지막 불꽃을 태우는데 결국은 엉망진창이 되고 만다. 20년 전에 필자와 함께 주식에 투자하던 돈 많은 선배가 주식투자로 돈 다 잃고 마지막 쪽박 단계에서 뭔가에 홀린 듯 안절부절 정신 나간 사람처럼 보였는데 나중에 보니 폐인이 되고 말았다.

주식이 그만큼 무서운 도박이다. 주식 하는 사람들은 누구라도 주식의 무서움을 먼저 알아야 한다. 잘못됐을 때 나만 폐인이 되는 게 아니고 가족, 친지까지 가정 파괴범이 될 수도 있다는 걸 염두에 두어야 한다.

그럼 어떻게 하면 이런 리스크를 피하고 안정된 투자를 할 수 있을까. 많은 투자자도 인정하고, 필자 또한 같은 말을 전하고 싶은데 '아는 주식에 투자하라.'는 말이다. 즉 평소에 관심이 많은 기업, 오랫동안 잘 아는 그 기업 주식을 사라는 말이다. 시간을 두고 조금씩 저축하듯 사모아 중·장기로 가져가면 절대로 큰 손실이 생길 수가 없고, 어느 정도 수익을 기대할 수 있다.

결과적으로 투자는 마음 편하게 하는 게 주식투자다. 급하게 수익을 내기 위해 테마주와 세력주를 따라다니는 건 투자가 아니고 도박이다. 피 같은 내 재산을 투자한다면 그 회사가 뭘 하고 있는지, 규모는 얼마나 되는지, 지속적으로 돈을 잘 벌고 있는지, 앞으로 전망은 확실한지 등 디테일하게 파헤쳐 본 후, 현재 주가 수준이 많이 고평가되어 있지는 않은지까지도 들여다본 후 해야 한다. 처음 매수는 소량으로 발을 담가보고, 시간이 지나면서 점차로 수량을 늘려가면 어느 정도 안전한 투자를 할 수 있다.

아마 대부분 투자자는 이 정도까지 깊이 들어가기엔 한계가 있을 것이다. 대충 유튜브나 보고 그래프나 한번 쓱 보고는 바로 매수로 들어간다. 그러다 보니 개인 투자자 대부분이 잘못 선택된 종목으로 인해 손실을 보게 되고, 후회하면서도 또다시 똑같은 실수를 반복하게 된다.

미래성장이 예정된 전기차, 현재 주기는 기회

2024년 하반기인 현재 이차전지에 투자하고 있다면 참 잘한 것이고, 혹시라도 앞으로 투자를 계획하고 있다면 방향을 잘 보고 있다고 말하고 싶다. 이미 투자하여 손실로 마음고생을 하고 있다면 그건 배터리 기업이 가는 길을 잘 몰라서 힘들어하고 장기로 투자할 주식을 너무 단기로 접근하다 보니 24년은 굉장히 힘들고 어려웠다고 보여진다. 이들 주식이 왜 잘 못 가는지 알지를 못하다 보니 뇌동매매를 계속한다고 봐야 한다.

박상규 SK이노베이션 사장은 "전기차의 전환은 바뀌지 않을 예정된 미래"라고 했다. SK 특유의 도전정신으로 현재 직면한 어려움을 돌파하자고 독려했다. SK온만 이렇게 말하고 있는 게 아니고 LG엔솔, 삼성SDI도 똑같은 말을 하고 있다. 지금 잠시 주춤하고 어려움이 있지만 이미 '예정된 미래'로 전기차는 진행되기 때문에 현재 무섭게 투자를 늘리고 있는 것이다.

이렇게 볼 때 배터리의 40%를 차지하는 양극재 기업과 양극재 원료인 전해질 기업에 투자는 한마디로 정해진 곳에 투자를 하고 있는 것이다. 주식이 잠시 하락한다고 이 주식을 걷어차고 다른 종목으로 간다는 건 정말 한심하고 안타까운 일이다. 심하게 말하면 예정된 돈벼락을 피해갔다고 볼 수 있다.

앞으로 2~3년은 이차전지가 가는 길이 정해졌기 때문에 웬만해서는 막을 수가 없다. 이들 주식을 안다는 건 솔직히 말해 축복이라고 할 수 있다. 10월까지 금투세와 금리 인하 등 불확실성이 제거되고 12월이 지나면서 암울한 10월에 주식을 많이 못 담은 걸 후회하지 않을까? 좀 더 매수 타이밍이 늦어질 수도 있겠지만, 확실한 바닥은 알 수가 없으므로 무조건 쌀 때 사모아야 후회하지 않는다.

필자 또한 지금 한창 신저가 나오는 이차전지 주식을 조금씩 사고 있다. 이들 주식은 내년 하반기에 매도할 계획이다. 또 한 종목은 LG화학으로, 이번에 LG엔솔이 올라가니까 LG화학도 함께 올라가는 걸 보았다. 엔솔 지분을 LG화학이 80%나 가지고 있기 때문에 지분가치가 크다. 이렇게 따지면 포스코홀딩스도 자회사 지분가치가 높아 향후 올라갈 여력이 많다.

아무튼 이차전지 주가는 현재 많이 저평가 구간에 들어섰다. 슬슬 담는 일만 남은 듯하다.

제9장

주식공부는
부자 되는 길

삼성SDI, 게임 체인저 배터리

내년(2025년) 초 출시 투자 가속페달, 경쟁사들 투자속도 조절에도 올해 예정대로 집중투자한다

삼성SDI가 전기차 판매 둔화에도 불구하고 투자속도를 늦추지 않기로 했다. 다른 배터리 기업들과는 다른 행보다. 에너지 저장장치(ESS)용 배터리, 편광필름 등 다양한 포트폴리오를 갖춘 덕분에 상대적으로 전기차 캐즘에도 투자를 이어갈 체력이 있어서다.

삼성SDI는 기존 '2170(지름 21mm, 높이 70mm) 배터리'보다 에너지 용량이 크고 생산단가가 저렴한 지름 '46mm(46파이)'짜리 중대형 원통형 배터리 양산 시기를 1년 앞당기기로 했다. 미국 자동차회사 스텔란티스와 짓고 있는 합작공장도 당초 계획보다 빠른 올 4분기에 조기 가동하기로 했다. 《한국경제신문》 기사 내용에서)

투자계획 변동 없다

삼성SDI는 2분기 실적 콘퍼런스콜에서 "상반기 기준으로 전년 대비 두 배 수준(약 3조 원)의 투자를 진행했다."며 "향후 중장기 투자계획에도 큰 변동이 없을 것"이라고 밝혔다. 연내 헝가리 공장 증설을 완료하고, 스텔란티스와의 미국 합작공장 양산 시점도 예정(내년 1분기)보다 앞당기기로 했다. LG에너지솔루션, SK온 등 대다수 배터리 기업이 설비투자를 축소하거나 공장가동 시점을 늦추는 것과 대비된다.

차세대 배터리 투자도 계획대로 진행한다. 2027년 양산목표인 전고체 배터리는 5개 자동차 업체에 샘플을 넘겨 테스트를 진행 중이다. 손미카엘 삼성SDI 부사장은 "고객사가 전고체 배터리 성능에 긍정적인 반응을 보였다."며 "생산라인 투자 계획도 마무리 단계"라고 설명했다.

게임 체인저로 불리는 46파이 원통형 배터리 양산 시기는 2026년에서 내년 초로 1년가량 앞당겼다. 전기 오토바이 등에 먼저 공급해 상품성을 검증한 뒤 전기차용 제품을 내놓기로 했다. 46파이 배터리는 현재 주력인 '2170 배터리'보다 용량이 크고 생산단가가 싸다는 점에서 배터리 시장을 뒤흔들 만한 제품으로 평가받는다.

삼원계 배터리에 비해 저렴한 리튬 인산철(LFP) 배터리를 기존 목표대로 2026년 ESS 제품부터 양산할 계획이다. 전기차용 LFP 제품도 순차적으로 내놓을 방침이다. (2024년 7월 〈한국경제신문〉 기사에서)

수익성 중심경영 '주효'

삼성SDI가 투자계획을 수정하지 않는 배경에는 상대적으로 나은 경영 실적이 자리 잡고 있다. 삼성SDI는 2분기에 매출 4조 4,501억 원, 영업이익 2,802억 원을 올렸다고 이날 발표했다. 각각 전년 동기보다 24%와 38% 감소했다. 반면 LG에너지솔루션은 적자 전환했다.

삼성SDI 실적이 둔화한 것은 주요 고객사인 BMW, 폭스바겐, 아우디 등이 전기차를 많이 못 판 탓이다. 전동공구에 쓰이는 원통형 배터리 판매량이 줄어든 것도 영향을 줬다. 버팀목이 된 것은 ESS용 배터리와 편광 필름 등이었다. 미국 최대 전력 기업인 넥스트에라에너지와 1조 원 규모의 ESS용 배터리 공급 계약을 앞두고 있는 만큼 ESS 실적은 한층 더 좋아질 가능성이 높다.

삼성SDI는 그동안 LG에너지솔루션과 SK온에 비해 생산설비 투자에 신중했다. 배터리 시장에 불이 붙은 2년 전만 해도 "투자를 늦췄다가 시장을 빼앗길 것"이란 관측이 많았지만 캐즘이 오자 오히려 수익성 확보에 도움이 되고 있다.

최윤호 삼성SDI 사장은 "하반기 환경도 녹록지 않은 상황"이라면서도 "기업이 어떻게 대응하느냐에 따라 기회로 만들 수도 있다."고 말했다.

(2024년 7월 〈한국경제TV〉 기사에서)

장인화 '뉴포스코' 선언, "글로벌 1위 소재 기업 만들겠다. 전기차 캐즘, 2차전지 투자기회로"

　　장인화 포스코 회장이 취임 후 처음으로 나서 세계무대에서 전기차 시장에 도래한 캐즘 시기를 2차전지 소재와 관련해 신규 투자할 기회로 활용하겠다고 밝혔다. 장 회장이 내놓은 해법은 크게 두 가지다. 철강은 원가 경쟁력을 끌어올려 중국기업에 맞서고, 2차전지와 신소재 분야를 키워 미래 먹거리로 삼는다는 것이다. 그렇게 전통 철강기업을 넘어 소재 전문기업으로 거듭나겠다는 비전을 세웠다.

　　연설에서 신규 투자를 지속 발굴해나가겠다고 전했는 데 이어 "리튬, 니켈 등 원료 경쟁력 확보에 주력하고 원료부터 양·음극재, 차세대 배터리 소재 기술개발까지 '풀 밸류체인'을 완성해 조기 상업화를 위한 투자를 지속하겠다."고 말했다. 업황 조정기를 사업 재정비 계기로 삼아 우량 자원이나 차세대 기술을 적극 확보하겠다는 전략을 명확히 한 것이다. 장 회장은 칠레, 아르헨티나 등 남미 염호와 북미, 호주의 광산 자원 회사와 협업 등 우량자원에 대한 투자방안을 확정했다.

이를 통해 현재 그룹 영업이익의 65%를 담당하는 철강 비중을 2030년까지 35%로 낮추고 이익 기여도가 전혀 없는 2차전지와 신소재 분야 비중을 40%로 끌어올리기로 했다. 현재 70조인 그룹 시총을 2030년까지 200조로 끌어올려 몸값 기준으로 글로벌 1위 소재 기업으로 올라서겠다며 아프리카와 중남미 지역을 중심으로 핵심원료 투자 영역을 넓히는 한편, 소재 관련 공장 준공도 올해 하반기를 기점으로 속도를 낼 것으로 예상한다.

또 탄자니아는 리튬, 코발트, 니켈, 흑연 등 배터리 제조에 필수적인 핵심광물을 모두 보유하고 있는 중요한 거점이다. 포스코인터내셔널이 지난해 탄자니아 광산의 천연 흑연을 공급받는 장기계약을 체결하는 등 그룹 2차전지 소재 사업에서 중요한 파트너다.

중남미 국가들과 신규 투자 논의도 이어가고 있다. 아르헨티나 리튬 염호 추가 투자 검토가 대표적이다. 포스코는 2018년 아르헨티나 옴브레무에르토 리튬 염호를 인수해 1, 2단계에 걸쳐 연산 5만 t 규모 2차전지용 수산화리튬 생산시설을 건설 중이다. 올해 2만 5천t을 준공할 예정이며 같은 규모인 2단계 공장은 내년 준공이 목표다. 연산 5만 t에 달하는 수산화리튬 3단계 공장 추가 투자도 검토하고 있다. 《한국경제신문》 기사에서)

엔켐, 이래서 나는 산다

엔켐은 2024년 2분기 연결기준 매출액이 전 분기 대비 39% 증가한 1,083억 원의 매출액을 기록했다고 16일 밝혔다. 특히 영업이익은 전 세계적 '캐즘' 우려 속 6억 원을 기록해 23년 4분기 이후 2개 분기 만에 다시 흑자로 돌아섰다. 2분기 엔켐이 호실적을 기록한 주요 요인은 테슬라와 파나소닉 등 북미 신규 고객 사향 제품 공급물량이 증가했기 때문이다.

엔켐은 2차전지의 불모지나 다름없었던 유럽과 미국에 선진입해 전 세계 주요 배터리 생산거점에서 전해액 공급을 주도하고 있다. 엔켐은 현재 글로벌 최상위 6개 셀 메이커 중 3곳에 제품 공급을 진행 중이며 올해 초 세계 최대 전기차 기업인 테슬라를 고객사로 추가하는 데 성공했다. 엔켐은 연말까지 LG엔솔, SK온, 파나소닉, 이 외에 추가로 최상위 셀 메이커에 제품을 납품하는 것을 목표로 하고 있다.

엔켐 관계자는 "매출액의 경우 지난해 4분기 이후부터 계속 우상향하는 추세였으나 최근 신규 고객사를 중심으로 북미 시장 공략에 더욱 집중해 지난 1분기 대비 큰 폭 개선된 실적을 기록할 수 있었다."며 "이는 이차전지 주요소재 업체들의 평균실적 대비 빠른 회복세"라고 강조했다. 그는 이어 "엔켐은 글로벌 1위 기업을 목표로 현지 생산−현지공급에 따른 글로벌 공급망 완성, 글로벌 최상위 셀 메이커 고객사 추가 확보, 극감적인 이차전지 시장 상황 대응, 핵심 원재료 내재화를 통한 질적 성장, 사업 다각화를 통한 기업가치 제고 등 5가지 전략을 수립해 속도감 있게 실행 중"이라고 덧붙였다.

하반기 엔켐의 북미향 매출은 더욱 가팔라질 것으로 예상된다. 업계에 따르면 엔켐은 올해 하반기 이후 SK온과 포드의 합작법인인 블루오벌의 테네시 1공장 가동 시기에 발맞춰 제품 공급을 진행할 계획이다. 현재 엔켐은 북미에서 SK배터리 아메리카, 얼티엄셀즈 1, 2공장, 테슬라, 파나소닉 등에 제품 공급을 진행하며 미국 전역을 커버하는 역내 유일 전해액 기업으로 자리 잡았다.

한편 엔켐은 중앙첨단소재와 합작법인 이디엘을 통해 리튬염 수급 내재화를 추진 중이다. 리튬염이 전해액의 핵심원료인 만큼 이를 내재화할 경우 엔켐은 전해액 생산을 위한 가격 경쟁력을 극대화할 수 있다. 이디엘은 현재 국내 새만금 2차전지 특화단지에서 리튬염 생산시설을 구축 중이다. 회사 측에 따르면 내년 하반기 본격적인 메이드인 코리아 리튬염 양산시설 가동을 계획 중이다. 이와 별도로 이디엘은 최근 중국 수혜를 극대화하기 위해 북미에서도 자체 리튬염 생산시설을 확보할 방침이라고 밝힌 바 있다.

엔켐은 지난 10년간의 성공적인 마켓 인사이드 기반 중장기 전략도 수립했다. 엔켐은 리튬염, 용매, 첨가제 등의 전해액 핵심 원재료 내재화 사업과 NMP 리사이클링 사업, 탄소나노튜브 분산액 사업 등 다양한 신사업을 준비 중이다. 이를 통해 사업구조를 다변화하고 종합케미컬 솔루션 기업으로 도약한다는 계획이다. 《한국경제신문》 기사 내용에서)

에코프로 이동채 "이차전지 판도 바꿀 것"

26주년 기념식 개최, 도전정신 무장 강조

인도네시아 양극재 밸류체인 통합 프로젝트 추진 에코프로가 창립 26주년을 맞아 초격차 기술과 코스트 리더십으로 삼원계 양극재의 경쟁력을 극대화해 나가겠다고 밝혔다. 에코프로는 이를 위해 인도네시아에서 광물-제련-전구체-양극재로 이어지는 밸류체인을 구축하는 통합 양극재 프로젝트를 추진하기로 했다. 에코프로는 22일 포항캠퍼스에서 26주년 창립 기념식을 열고 현재의 캐즘을 극복하기 위해 삼원계 양극재 경쟁력을 극대화해 나가겠다고 선언했다.

이동채 전 에코프로 회장은 창립기념사에서 현재의 캐즘 위기를 극복하기 위해 인도네시아 통합 양극재 사업의 성공적인 추진에 전력을 기울여 달라고 당부했다.

이 전 회장은 "되돌아보면 에코프로가 걸어온 지난 26년 동안 위기가 아닌 날은 단 하루도 없었다."며 "위기를 기회로 전환하고 현재에 안주하기보다는 미래를 선택한 결과 3,500명이 함께하는 친환경 기업과 이차전지 대기업으로 성장했다."고 회고했다. 그는 "삼원계 배터리가 하이니켈 기술력을 바탕으로 급성장하면서 자만심에 빠져 기술력과 원가 경쟁력 확보에 소홀하지 않았는가 반성한다."며 "현재의 위기가 3년이 갈지 5년이 갈지 모른다."고 진단했다.

이 전 회장은 위기 타개책으로 중국 GEM과의 인도네시아 양극재 통합법인설립 구상을 제시했다. "초격차 기술 리더십과 코스트 리더십을 확보해야 이차전지 사업 판도를 바꿀 수 있으며 중국 GEM과 힘을 합쳐 광산, 제련에서 양극재 리사이클까지 이어지는 밸류체인을 완성하면 글로벌 리딩기업으로 도약할 수 있다."는 설명이다.

배터리 소재 사업은 광산, 제련, 전구체, 양극재 등 크게 네 분야의 생태계로 구성된다. GEM은 인도네시아에 15만 톤의 니켈 광산을 생산할 수 있는 제련소를 운영하면서 배터리 소재 밸류체인의 가장 밑단에서 세계 최고 수준의 경쟁력을 확보하고 있다.

에코프로는 하이니켈 양극 소재 글로벌 1위 기업이다. 두 회사는 제련-전구체-양극재로 이어지는 양극 소재 밸류체인을 구축하면 획기적인 원가 경쟁력을 확보하게 돼 양극 소재 시장의 판을 뒤흔들 수 있는 혁신이 이뤄질 것으로 전망하고 있다.

이 회장은 "더 좋은 에코프로, 더 큰 에코프로로 지속 성장하려면 차별화된 초격차 기술력, 창의적이고 유연한 사고, 두려움 없는 새로운 도전 등 '할 수 있다.'는 혁신문화 정착을 실행하고 실천하자."고 당부했다.

《한국경제신문》 기사 내용에서)

에코프로는 자료가 나오는 대로 공부해야 한다

송호준 에코프로 대표 사업계획 : 해외 리튬광산 투자 ~ 양극재 수직계열 회에 박차

니켈에 이어 리튬까지 양극재 핵심원료의 공급망을 조기 확보해 세계적으로 유일무이한 2차전지 소재 비즈니스 모델을 만들겠다는 구상이다. 에코프로 그룹은 삼원계 NCM(니켈, 코발트, 망간) 양극재 시장에서 세계 1위 회사다.

"세계 유일 양극재 생태계 갖출 것"

송 대표는 광산에 적극적으로 투자한다. 니켈 광산 투자에는 이미 뛰어들었다. 국내 배터리 제조 3사 중 한 곳인 SK온, 중국의 전구체 생산기업 GEM과 손잡고 인도네시아 니켈 광산 확보에 나선 것이다. 3사 합작공장에서 내년 하반기부터 전구체의 원료가 되는 니켈 MHP(니켈코발트 수산화 혼합물)를 연간 3만 t씩 생산할 계획이다.

광산 투자는 에코프로가 양극재 '초격차'를 위해 사활을 걸고 있는 수직계열화를 이루려는 작업의 일환이다. 송 대표는 "양극재 시장에서의 승자는 버티컬 인터그레이션(수직계열화)을 얼마나 잘하느냐에 달려있다."며 "광산을 다수 보유한 중국 회사들이 앞서 나가고 있지만 충분한 시간과 자본을 들일 계획"이라고 했다.

수명이 다한 폐배터리나 배터리 스크랩에서 뽑아낸 금속을 재활용해 전구체를 생산해내는 시스템을 에코프로 수직계열화의 또 다른 축이라고 본다.

송 대표는 "광산에서 채굴한 금속과 재활용된 금속의 사용량이 엇비슷해지는 시기가 올 것"이라며 "고객사들도 이에 발맞춰 리사이클링 비중을 높일 것을 요구하고 있고 우리는 준비가 다 돼 있다."고 했다. 그는 "양극재 제조(에코프로비엠), 전구체 제조(에코프로머티리얼즈), 폐배터리 리사이클링(에코프로CNG), 리튬 화합물 제조(에코프로이노베이션) 등 전 주기를 아우르는 기업은 전 세계 어디에도 없다."며 "(공장 건설이 예정된) 헝가리와 캐나다 퀘벡에도 포항캠퍼스에 준하는 양극재 생태계를 갖출 것"이라고 밝혔다. 《한국경제신문》 기사에서)

이 회사는 이르면 올해 말께 유럽 제2공장이 착공되고 리스크 분산 차원에서 헝가리 외 다른 지역에도 공장을 지을 계획이다.

"LFP, 고망간 배터리용 소재 개발"

폭발적인 성장세를 거듭하는 소재 기업 간 경쟁이 격화하고 있는 데 대해 송 대표는 "리튬인산철(LFP)이나 고망간 등 새롭게 수요가 창출되고 있는 배터리용 소재를 개발해 기술력 부분에서 앞서 나가겠다."고 강조했다. 특히 최근 배터리 3사가 진출을 선언한 LFP 배터리와 관련해 "시장 내 비중이 계속해서 늘어나고 있어 개발하지 않을 수 없는 상황"이라며 "차근차근 준비해 중국 회사들을 뛰어넘는 전략을 고민할 것"이라고 했다.

에코프로비엠은 삼성SDI와 SK온에 양극재를 절반씩 공급하고 있다. 이 때문에 시장에서 LG엔솔과의 유대가 비교적 덜한 편이라는 평가가 나온다.

송 대표는 "삼성SDI와 미국 제너럴모터스(GM) 합작공장에 들어갈 물량은 수주 가능성이 높다."며 "LG엔솔 물량도 따내기 위해 노력 중"이라고 밝혔다. (2023년 3월 〈한국경제신문〉 기사에서)

대기들의 말 "시세를 멀리하라!"

주식투자의 본질은 꿈을 먹고 산다. 기대감으로 올라가고 결과가 나오면 끝난다. 주식에 투자하면서 이런 현상은 늘 보아왔다. 특히 바이오기업들은 "우리 회사는 이런 신약을 만들겠다." 등등이 나오면 바로 오른다. 솔직히 언제 신약을 만들어 수익을 낸다는 말인가. 오늘 아침에도 셀트리온 서 회장, "7년 안에 순이익을 15조 내겠다." 이 사람한테 10년 전에도 비슷한 말을 들었다. 아니면 작년에 금양이 콩고에 리튬광산 투자한다는 말이 나오면서 2만 원대에 있던 주가가 19만 원대까지 치솟아 다들 놀라게 하였는데 현재까지 무슨 수익이 있나. 그러니까 주가 또한 현재 4만 원까지 하락했다.

워렌 버핏: "부자가 되고 싶은가? 남들이 공포에 질렸을 때 욕심을 내고 남들이 욕심을 낼 때 조심하자."(역발상 투자를 하라는 말)

조지 소로스 : "예측하기보다 시나리오에 따라 대응하고 자신만의 투자 원칙 적용"(자신이 세운 원칙에 따라 투자를 하라는 것)

짐 로저스 : "북한 투자 대박, 내가 아는 영역에 투자하라"(통일 직전에)

존 템플턴 : "주식시장에 패닉이 오면 매수하여 3년은 보유해 보자."

앙드레 코스톨라니 : "역발상 투자, 패닉 때 사 모으고 버블 때 매도하고 큰 변수 출현 때 투자가 중요하다."

고레이 외카진조 : "경기순환론, 경기 바닥 투자 시 개인감정을 넣지 말라."

노무라 도쿠시치 : "충격 계기 출현 때 집중투자하자."(IMF 때, 2008년 금융위기 때, 북한, 베네수엘라 등)

손정의 : "숨겨진 보석기업을 발굴하며 집중투자하라."(알리바바, 쿠팡 등)

민병철 : "독점적 고성장 1등 주에 3년, 10년 장기투자하자."(배터리)

주식농부 박영목 : "안정성장수익모델(집중 관리 가능한 종목) 1~5년 소통투자."(매수한 기업과 동행해야 이익을 받는다)

주식어부 강병천 : "연관, 연상 차기 1등 주를 찾아 3년 길목 지키기 투자."

지금, 시대의 혁명 주는 어떤 섹터의 종목일까? AI, 아니면 이차전지. 1년에 1종목만 발굴하면 로또복권보다 100배는 더 확실한 인생역전(에코프로, 포스코홀딩스, 엔켐 등)이다.

눈앞의 시세만 내다보는 조급하고 근시안적인 닭 같은 투자자가 아니라 10리 밖을 내다보는 독수리의 눈을 가진 투자자가 되어야 한다.

제10장

100만 원이라도
지금 투자하라

투자 교육(금융, 주식, 돈)은 빠를수록 좋다

내 아이 부자 만들고 싶다면 돈 버는 공부도 일찍 시키라. 투자 공부는 가능한 한 빠를수록 좋다. 될 수 있으면 조기에 깨닫게 만들어 주는 게 부모가 아이들에게 해 줄 수 있는 부의 자산이라고 본다. 나중에 재산을 물려주기보다는 돈을 직접 벌어 저축하고, 소비도 하고, 투자도 하고, 이런 교육을 조금 일찍 하자는 것. 돈에 대한 가치관, 사용하는 방법과 새로운 경제 관념을 가지도록 분위기를 조성한다.

우리나라 부모들의 자녀교육 열의는 대단한데 정작 인생을 살아가는데 꼭 필요한 금융자본의 핵심인 돈 교육은 하지 않는다. 뭐 돈에 관한 교육은 스스로 알아가는 거로 생각하게 되고 너무 일찍 돈을 알아버리면 오히려 독약이 된다고 생각한다. 그러다 보니 조금 일찍 받으면 살아가는데 유리한 금융교육을 소홀히 해 왔던 경향이 있다.

옛날 부모들은 금융 지식이 부족했기 때문에 자녀들에게 금융교육은 무지가 대부분이었다. 나 또한 뭘 배우기나 했겠는가. 먹고살기 위해서 뛰어다니다 보니 돈을 알았고 저축을 하고, 투자도 해야 한다는 걸 한참 늦게 알았다고 봐야 할 것이다.

주변에 성공한 사람일수록 자녀들에게 부에 관한 이야기를 자주 한다. 그러다 보니 자녀들이 경제적으로 다른 친구들에 비해 일찍 자리를 잡을 확률이 높다. 앞으로 사회는 자녀에게 체계적인 금융교육을 해야 한다. 자본주의의 꽃인 주식은 살아가는 데 꼭 필요한 자산을 불릴 수단이므로 미리미리 감각을 키워주는 게 좋다.

이제 좋은 대학만 나왔다고 잘 산다는 보장이 없다. 월급만으로 미래가 보장이 안 된다. 그러므로 재테크의 방법들을 숙지하여 돈이 생기는 대로 투자를 하고 돈을 불려 나가는 경제공부가 꼭 필요하다. 이런 말이 있지 않은가. '투자를 해서 돈이 나를 위해서 일하게 하라, 내가 노동으로 버는 돈으로는 부자가 되기 어렵다.' 이게 바로 부자가 되는 시스템인 것이다.

여기에 하나 더, 채권, 환율, 금리 등도 주식과 연동해서 경제 전반의 상황들을 몸에 체득되게 하여 금융 전문가로 만들자.

투자금 손실 안 보는 방법

주식투자를 하다 보면 수익도 생기지만 손실도 볼 수 있다. 그래서 주식투자는 위험성이 많은 투자상품이라 늘 신중하고 철저히 기업 분석과 현재 주가 위치, 누가 사고파는지 수급 주체 등 다양하게 파악한 후 매수 타점에 도달하면 분할로 조금씩 매수한다. 그다음은 철저히 종목관리를 해야 하는데, 추이를 보면서 물량을 더 채울 것인가, 아니면 줄일 것인가, 또는 매도 처리할 것인가를 결정해야 한다. 이럴 때 경험이 필요하다. 초보자는 판단이 서지를 않는다. 이 판단을 잘 내려야 손실도 줄일 수가 있고 수익도 확대할 수가 있다.

주식은 살아 움직이는 생물과 같다. 종목을 선택할 때 분명히 단기종목인가, 중기 또는 장기투자용인지 결정하고 매수해야 한다. 즉 장기투자종목이라면 그 기업을 세밀하게 살펴보고 매수를 결정하고 적정 매수가격대를 정해놓고 목표가격 도달 80%대부터 분할로 매도하면 되는데 최종

적으로 20%는 남겨두고 갈 데까지 가본다.

단기매매 종목은 그날 최고 핫한 섹터 중 대장주를 선별하여 거래량 추이를 보면서 제일 강한 놈을 잡아야 성공확률이 높다. 단기매매로 들어갔지만, 장 마감 무렵까지 호가와 거래량이 살아있다면 팔지 말고 다음 날까지 들고 가야 수익이 많이 난다.

주식투자를 잘하는 사람은 장이 아무리 어려워도 큰돈을 잃지 않는다. 대응능력이 초보자와 다르고, 하도 많이 당해봤기 때문에 조금 위험하다 싶으면 손절이 빠르다. 반대로 큰 장이 오면 어떤 섹터에 올라타야 큰 수익이 나는지 금방 눈치챈다.

결론은 시장이 요즘같이 특별히 올라갈 뭔가가 보이질 않을 때는 손실이 많이 난 종목이라 할지라도 팔아서 현금을 50% 이상 가지고 있어야 하고, 각종 유튜브 등에서 이것 좋다, 저것 좋다고 아무리 유혹해도 믿지 말고 장이 결정적인 중요한 변화가 올 때까지 매매를 자제해야 한다. '이제 많이 빠졌으니 이 구간에서 사면 되겠지.' 하고 매수하는데, 전체 장세가 죽어가고, 매수 주체가 없을 시는 힘없이 차트가 무너진다. 정확한 바닥을 단언하기 어렵다.

100만 원이라도 지금 투자하자

투자는 돈이 얼마냐가 중요하지 않다. "그럼 언제부터 해야 합니까?" 묻는다면 언제부터 해야 한다는 정답도 없다. 돈이 생긴 그날부터 시작하는 게 제일 좋다. 필자가 어린 나이에 상경해서 근 50년 이상을 서울에서 살아보니 투자가 얼마나 중요한지 나이를 먹은 지금에야 그 현실을 실감한다.

젊은 날 먹고살기 위해 허드렛일 하는 공장으로, 노동판으로, 다시 자영업으로 그렇게 종잣돈을 마련하여 부동산 투자를 시작으로 주식투자에 입문하게 되었고 그러면서 세계 경제가 어떻게 돌아가는지를 눈뜨게 되었다. 이게 돈 공부를 자연스럽게 시작하는 발판이라고 볼 수 있다. 갑자기 돈맛을 보니 부동산과 주식 책을 닥치는 대로 보면서 '열공'하였는데 시간이 지나면서 부동산에 밝은 눈이 생기고 주식투자는 어떻게 해야 리스크를 줄이고 강세장이 올 때 큰 수익을 낼 수 있는지 알게 되었다.

그 결과는 내 나이 40대 후반부터 나타나기 시작했는데 투자를 등한시하고 그냥 사는 친구들과는 하루가 다르게 차이가 나기 시작했다. 50대가 되니 경제적인 자유가 생겼는데, 투자 같은 거 모르고 살던 친구들과 차이는 모든 게 눈에 띄게 달라졌다.

100만 원. 이 돈이 중요한 게 아니라 그 돈이 있기에 지금 인생이 바뀔 수 있는 투자의 문을 두드리는 촉매제가 된다는 사실을 여러분들은 알아야 한다. 필자가 아는 지인 한 분이 매일같이 아파트 짓는 공사장으로 출근하여 수십 년째 작업복 입고 일만 열심히 하는데도 살림살이는 늘 허덕인다. 옆에서 보니 인생이 나이를 먹으면서 더 꼬여가는 걸 보게 되는데 투자에 일찍 눈을 뜬 나는 50대 문턱에서 내가 하고 싶은 거, 가보고 싶은 곳 다 누리며 살아도 늘 풍족하다.

결과는 투자한 돈이 밤낮으로 일을 해서 나에게 풍요를 주는 데 반해, 지인은 살면서 이걸 무시하고 산 결과가 이렇게 되었다. 결론은 필수적으로 투자는 적은 돈이라도 생기면 투자자의 길로 들어서길 바란다. 이 말은 투자자가 되어보면 그 맛을 알게 되고, 살면서 새로운 희망이 보이기 시작한다. 그래야만 노후가 풍요롭다.

자세히 보면 주식시세는 반복된다

지금 현재 50~60% 떨어진 2차전지 종목들, 좀 길게 보면 결국 제자리를 찾아간다. 시간이 문제겠지만, 예정된 고성장 주식은 너무 잘 나갈 땐 언제나 한 번쯤 발목이 잡히고 난장판이 되는 경우가 다반사다. 이 와중에 못 기다리는 사람은 다 털릴 것이고 느긋하게 버티는 자는 큰 수익을 맛본다. 시세는 시간이 지나면서 결국 반복된다는 것이다.

에코프로가 현재는 전 가격으로 따지면 40만 원대로 내려와 있지만 내 예감은 내년쯤 되면 100만 원(현재 8~9만 원대)으로 허를 찌르는 급등이 나올 때가 있는데 이 주식이 한번 탄력받으면 눈 깜짝할 사이 20만 원대로 올라가 버린다.

필자는 요즘 엔켐을 유심히 보고 있는데 엔켐이 4월에 40만 원까지 급등했다가 현재 15만 원까지 떨어져 있는데 고점 대비 −60%, 왜 이렇게 심하게 빠졌을까. 물론 2차전지 업종 전체가 다 빠져 있기도 하고 그동안 너무 공격적으로 세계 각국에 공장을 짓고 투자를 벌여 놓았는데 올해 들어와 캐즘에다 경기침체 등으로 전기차 판매가 현저히 줄어들고 있는 것도 한 요인이다. 또 한 가지는 잘 돌아갈 거로 보고 투자를 무지막지하게 하고 있는데 막상 돈이 안 들어오다 보니 계획이 빗나가기 시작했다. 이런저런 이유로 올해 매출과 영업이익이 많이 줄어들 것으로 보이는데 투자자들은 이런 점들을 못 믿어 하고 있는 것이다.

그러나 필자의 생각은 이 폭락이 투자자들에게는 나쁜 게 아니라 하늘이 준 기회로 보고 있는데 지금 엔켐에 드리우고 있는 먹구름이 걷히면 원위치로 돌아가는 게 당연하다. 그렇다면 언제 이 먹구름이 걷히는가가 문제일 것이다. 아마도 그 시기는 올 연말이 지나고 25년 1분기 중에 본격적으로 제자리를 찾아가리라 본다. 이렇게 보면 아마도 24년 가을 중에 찐~ 바닥이 나올 확률이 높다. 대략 마지막으로 망가진다면 13만 원대까지도 열려있기에 누구도 정확한 바닥을 예측할 수는 없으니 15만 원 이하에서 조금씩 모아간다면 불과 1~2년 만에 최소 더블 이상을 바라볼 수 있다고 본다.

결론을 내자면 늘 주식시세는 반복된다는 것이다. 단, 기업이 매년 고성장이 보장된 검증된 종목이어야 믿고 큰 수익이 올 때까지 기다릴 수가 있는 것이다.

주식투자에서 강력한 테마 출현은 큰 기회다

주식시장에서 늘 테마는 생기고 사라지기를 반복한다. 가끔 진짜 강력한 테마가 출현하는데 이 테마의 대장을 잡아야 짧은 기간에 큰 수익을 올릴 수 있다.

코로나 팬데믹 때 진단키트 관련주 테마가 형성되면서 그때 대장주는 씨젠으로 3만 원대 있던 주식이 30만 원까지 올라가면서 단시간에 10배 이상 큰 시세를 냈다. 따라서 2등, 3등 코로나 주식도 그때 많이 매수한 사람들은 상당히 좋은 수익을 올렸다고 본다.

작년에 이차전지 붐을 타고 에코프로가 6만 원대로 출발하여 단 몇 개월 만에 150만 원까지 상승하여 약 20배 이상 시세를 냈고, 에코프로머티리얼즈도 상장 후 10배 이상, 에코프로비엠도 큰 시세를 냈다. 아마 이차전지 주식에 많이 올라탄 사람들은 아파트 한 채씩은 벌었을 것으로 생각된다.

　로봇 관련주 테마도 강력했는데 그 대장은 레인보우로보틱스로, 이 주식 또한 10배 이상 대 시세를 냈다. 그러면서 로봇 관련 주식들이 한때 난리였다. 의료 AI 관련 주식도 무시할 수 없을 정도로 큰 수익을 냈다. 그 대장은 루닛으로, 이 주식도 10배 정도 올랐는데 그 여파로 바이오 주식이 전반적으로 오랜 세월 웅크리고 있다가 금리 인하 발표와 함께 지금까지 바이오 시대가 진행되고 있다.

　올해 들어와 반도체 주식들이 강하게 움직였는데 그 대장은 한미반도체로 15,000원에서 20만 원까지, 무려 15배가 상승했다. 2차전지 주가 폭락하면서 반도체로 수급이 몰려 6개월 이상 장을 주도했다. 전력 테마도 대단했다. 제룡전기가 대장이었는데 만년 1만 원대 미만의 저가 주식이 전력 테마 바람을 타고 10만 원까지 큰 시세를 냈다.

　24년 여름이 지나가고 있는 지금은 그 어떤 테마 조짐도 보이지 않는다. 분명히 또 다른 테마가 출현할 것인데, 특히 장이 안 좋을 때 엉뚱한 곳에서 테마가 등장하고, 그 중심에 대장 종목이 무섭게 치고 나갈 것이다. 또 한 종목 초전도체 테마 등장으로 그 대장은 서남이라는 별 볼 일 없던 종목이 일약 스타가 되어 날아가는 걸 우리는 목격했다. 지금 이 바이오 대장주는 알테오젠인데 하루가 다르게 치고 나가고 있다.

　결론은 새로운 강력한 테마가 나타나면 그 대장 주식을 빠른 매수로 대응해야 하고, 가능한 주식 물량을 많이 잡아야 진짜 돈맛을 볼 수 있다. 내일이라도 새로운 테마는 나타날 수 있다.

포기하지 않는 투자자가 되어라!

필자는 포기라는 말을 아주 싫어한다. 창업하는 사람들, 처음에는 뭔가 하는 듯하다가 얼마 해보지도 않고 포기해버리는 사람들을 보면 참 안타까운 마음이 든다. 부동산 투자에서도 쉽게 포기하는 사람들이 있다. 지인 한 분이 2018년도에 작은 원룸 건물을 생각 없이 팔고는 만날 때마다 후회하는 걸 보았는데, 주식도 미리 겁먹고 쉽게 던져버리는 사람이 많다.

나 또한 그런 버릇이 있는데 작은 노이즈에도 마음이 졸아 쉽게 손절하고 이후 팔았던 주식이 올라가면 금방 후회하였다. 그런 세월이 오래되니까 습관이 되어 정말 나도 모르게 매도치는 일이 비일비재하였는데 아무리 그런 매매 안 하려 해도 몸에 밴 습관을 고치기가 참 어려웠다. 그래서 컴퓨터 앞에다 '절대 포기하지 않는 투자자가 되자.'라는 표지를 만들어 붙여놓고 매도하고 싶은 마음이 생길 때 한번 쳐다보고는 매매를 중단한다. 지금은 많이 훈련이 되어 그런 투자자에서 어느 정도 벗어났다.

돈 될 만한 종목 찾기가 얼마나 어려운가. 어렵게 선택한 종목을 안 좋은 자극 한 방에 순간 마음이 흔들려 매도 손이 나가게 되는데 이렇게 반복하다 보면 결국에는 계좌가 다 녹는다.

누누이 말하지만, 주식투자는 조급하면 수익을 낼 수가 없고 1년에 딱 1종목이라도 확실히 유망하다고 판단이 선 종목을 찾는 일에 몰두해야 한다. 일단 매수를 하고 나면 그 기업이 돌아가는 내용을 틈틈이 들여다보면서 시간에 투자하면 된다. 작은 파도에 마음이 흔들려 뇌동매매를 해 버리면 다시는 그 주식 못 사게 되고, 올라가면 후회만 남는다. 이런 것들을 모두 이겨내는 훈련도 필요하고 배짱을 키워야 한다. 이렇게 보면 주식투자가 결코 만만한 게 아니다.

결론은 스스로에게 다짐을 하자, 나는 쉽게 포기하는 투자자는 되지 않겠다고. 좋은 주식 한번 잡으면 물고 늘어지는 끈기와 포기하지 않는 근성이 있어야만 주식투자로 성공할 수 있다는 걸. 2024년도 얼마 남지 않았다. 좋은 주식을 내 포트폴리오에 채우고, 컴퓨터를 끌 시간이 다가온다. 과감히 계좌를 덮고 내년 큰 장이 올 때까지 GO! 해야 주식투자로 아파트가 생긴다. 절대 쉽게 포기하는 투자자는 되지 말기를 바란다.

제11장

주식투자는
도전정신이다

주식투자를 하면서 아주 중요한 매수, 매도를 잘하는 방법

주식투자에서 매수와 매도가 얼마나 중요한지 주식투자자라면 분명히 안다. 물론 팔고 사고도 중요하지만, 그 타이밍 또한 절대 중요하긴 마찬가지다. 유망한 종목이라도 매수 시기가 정확하게 맞아떨어져야 성공률이 높지, 타이밍상 반대로 고점에서 더 상승하리라 판단하고 매수하는 경우와 하락기 중간이라고 판단되면 반등을 기대하고 잘못된 판단으로 매수하는 경우 자칫 낭패를 보는 경우가 왕왕 발생한다.

아무튼 매수도 잘해야 하겠지만 매도 또한 한없이 중요하다. 한 가지를 선택하자면 매도가 더 중요하고 많은 사람이 매도 시기를 어려워하는 게 사실이다. 아무리 좋은 급등주를 잡았다 할지라도 정확한 시점에 매도하지 못하면 많은 수익도 물거품이 되면서 두고두고 후회하게 된다.

돌아가서 다시 한번 지난 실책을 살펴보면 작년에 필자의 지인 한 분이 에코프로 95,000원에 1,000주를 사서 6개월째인 지난 7월에 주당 150만 원까지 갔지만 200만 원에 팔겠다고 계속 보유하고 있다. 현재까지 못 팔고 마음 골병이 들었고 1억이 15억이 됐다가 현재는 단 5억 미만이다. 매도가 이렇게 중요하다. 결과적으로 본인의 판단과 결단이 얼마나 중요한지 알 수 있다.

스윙 매매든 돌파 매매든 잠자던 종목이 어느 날 거래량 급등이 나오면 많은 사람의 관심이 몰리게 된다. 여기에 호재까지, 또 기사까지 따라 나오면 주식은 춤을 추게 되고 한동안 수급이 짱짱하게 연속적으로 유지된다. 이때 매수와 매도가 정말 중요하다. 상승 초기에 (거래가 터지는 걸 포착) 칼같이 매수하는 사람과 어느 정도 올라가는 걸 보고 따라서 매수하는 사람 등 투자성향에 따라 갈라진다.

매도 또한 몇 %만 수익을 내고 매도치는 사람, 어떤 사람은 간 크게 수익 극대화로 어느 시점까지 가져가는 사람 등 주식이란 내일을 알 수 없기에 자신만의 각도와 투자 판단으로 순간 매도 사인이 결정된다. 그래서 주식도 자신만의 투자원칙을 정해놓고 목표치 80~90% 도달 시 30%씩 분할로 매도 대응하면 큰 무리 없이 완료된다.

매수와 매도를 잘하는 방법은 많은 경험이 쌓여야 하고 분할매수, 분할매도가 정말 중요하다.

주식투자도 사업이다. 방법을 배워라!

　분명히 주식투자도 고차원적인 진짜 큰 사업이다. 필자는 사업을 35년을 했는데 그중 주식투자 사업이 가장 위험하고 공부를 제일 많이 해야 하는 사업이 맞다고 생각한다. 비가 오나 눈이 오나 밤낮으로 신경 써야 하고, 투자금 또한 가진 돈 몽땅 한다. 이게 어찌 사업이 아니고 무엇이겠는가. 정말 사업으로 생각하고 투자를 한다면 무조건 방법을 배워야 한다. 아주 깊이 있는 공부가 요구된다.

　이 공부를 등한시하고 남의 머리만 빌려 투자사업을 한다면 말도 안 되는 일이다. 나 또한 처음 15년 이상을 공부는 뒷전이고 남이 던져주는 주식을 받아 그때그때 대충 투자를 했다. 결과가 좋을 리 없었다. 오랜 시간이 지난 후에야 자연스럽게 내가 알아야 돈을 잃지 않는다는 정신이 번쩍 들었다. 그길로 책도 수도 없이 보면서 나름 보는 눈을 키웠다.

그렇게 하다 보니 TV나 신문, 유튜브 등에서 전문가들의 쏟아내는 말과 비전문가들의 장삿속 정보를 걸러낼 수 있는 능력이 생겼는데 지금의 나의 투자내용을 살펴보면 '분명히 큰 사업을 하고 있구나.' 하는 무거운 마음이 든다.

아무리 작은 사업이라도 성공과 실패만이 기다리고 있다. 치열한 경쟁 속에서도 성공하는 사람은 분명히 남과 다른 전략을 가지고 경영을 했을 것이다. 실패한 사람은 남의 것 흉내 내고, 아니면 남이 만들어 놓은 시스템을 돈 주고 사서 시키는 경영을 했을 것이다. 처음에 친절하고, 열심히 하면 되겠지, 이런 마음으로 시작했지만, 결과는 절대 녹록지 않다.

이런 방식으로는 성공하기 어렵고, 설사 된다고 할지라도 큰돈 벌기는 어렵다. 성공하려면 분명히 처음부터 확실히 남과 다른 방법과 전략, 본인이 가지고 있는 끼까지 보태져야 가능하다. 주식투자 또한 무엇이 다를까. 피 같은 내 돈 몽땅 투자하는데 적을 모르고(기업) 내 돈을 투자한다고? 말도 안 되는 한심한 일이다. '칼치기' 하는 도박을 하고 있는 것이다.

지난날 필자 주변에 함께 주식했던 사람들을 돌아보면 실패자와 성공자는 확실히 뭔가 차이점이 많았다. 성공자는 쉼 없이 공부하여 파고드는 행위자였고, 실패자는 헛된 정보만 따라서 투자하다 보니 결과는 참혹했다.

주식과 사업은 누가 어떻게 노력했느냐에 따라 다르다. 그걸 자신의 계좌가 말해준다.

24년 하반기 국내 주식시장은 어떻게 될까?

현재 우리 장 분위기상으로 보면 솔직히 큰 기대하기 어려운 환경이다. 미국은 지금도 잘 올라가고 있는데, 우리 장은 영 형편없다. 좀 더 디테일하게 양 시장을 들여다보면 한마디로 별로 희망이 보이질 않는다. 미국은 이미 오를 만큼 올라왔어도 작은 굴곡은 있겠지만 계속 우상향할 것으로 보여진다. 물론 엔비디아 등 기술주가 장을 리딩하고 있지만 늘 불안한 상승으로 봐야 한다. 그동안 너무 올랐다는 게 문제다.

외국인들은 철저하게 코스피 대형주만 집중적으로 골라 사고 있고, 기관은 개인들이 몰려있는 섹터, 즉 자신들의 입맛에 맞는 선별된 종목으로만 매수와 매도를 반복하고 있는 실정이다. 여기에 개인들은 오로지 2차전지에 매몰되어 있다. 그러나 1년 가까이 반 토막 이상 내려가니까 이제와서 매도에 나서는 듯하다. 아마 대부분 개인 계좌는 올해 들어와 수익률이 −30~60% 가까이 손실을 보고 있지 않을까?

여기서 필자의 생각은 AI 반도체와 일부 바이오까지 어느 정도 올라왔다고 보고 지금부터는 철저히 그동안 많이 빠진 2차전지를 조금씩 담아야 할 때라고 본다. 그 대상 종목은 포스코홀딩스, 포스코퓨처엠 등 몇 가지로 함축하여 신저가까지 나올 걸 감안하여 단계 단계로 사 모으면 된다고 본다. 포트폴리오가 차면 한동안 주식과 멀리하면 된다.

연말이 가까워지면 경기침체, 금리 고점 도달 등이 산적해 있고 국내장은 제일 골치 아픈 게 금투세다, 연말 세금 문제 등이 겹쳐 큰손들은 가능한 연말이 가까워지면 물량을 정리하려고 들 것이다. 점점 갈수록 불확실한 국내 장이 될 것이고 그러다 보니 주가는 올라가지 못하고 야금야금 계속 흘러내리는 방향으로 갈 것이다.

이렇게 되면 올해 주식투자로 돈 벌기는 어렵다. 11~12월에 쭉 빠지면 내가 좋아하는 이차전지를 골고루 보고 사서 묻어두고 내년 상반기쯤 큰장이 서면 그때 정리하는 방향으로 잡아야 할 듯하다. 결국 내년이 승부처가 될 것이다.

성장이 담보된 좋은 주식을 잡으면 피는 게 아니다

조급하면 부를 얻을 수 없다. 투자는 마음 사업이다.

이 말은 주식이든 부동산이든 장사든 투자는 똑같다. 조급하면 돈이 안된다. 말 그대로 투자의 본질은 마음 사업이다. 솔직히 주식에 투자하면서 손실 안 보고 투자할 수만 있다면 "땡큐"라고 말할 것이다. 대부분 사람은 손실을 볼 수밖에 없는 게 주식투자의 속성이다. 투자자 수준에 따라 손실 차이는 크게 난다. 요즘같이 장이 안 좋은데도 계속 수익을 내는 사람도 있다. 그렇다면 주식투자는 하고 싶은데 손실 안 보는 방법을 찾아보자.

필자는 이렇게 말하고 싶다. 여윳돈으로 천천히 공부하면서 분할로 매수하고 충분히 지켜본 후 보유할 것인가, 아니면 매도하고 갈아탈 것인가를 결정하라는 것이다. 무엇보다도 중요한 것은 종목 선정에 있는데 매수할 종목의 조건은 기업이 매출과 영업이익을 매년 우상향하고 있는지?

차입금과 유보율은 얼마인지? 젊은 기업인지, 늙은 기업인지 뭐 어느 정도는 따져봐야 마음이 편하다.

매수할 기업을 모르고 매수한다면 절대 오래 들고 갈 수 없고 큰 수익은 불가능하다. 물론 얼떨결에 매수하여 작은 수익을 볼 수는 있겠으나 그건 내 돈이 안 되고 쉽게 반납하게 된다. 그만큼 종목 선정이 중요하고 충분히 고민한 후 조금씩 매수를 해야 한다. 물론 매수 타이밍이 맞아야 처음부터 손해 안 보고 자신감도 붙게 된다.

반대로 아무리 좋은 종목도 매수 시기가 안 맞으면 사자마자 물리게 되는데 어찌하다 보면 순식간에 손실이 확 불어나면서 심각한 고민에 빠지게 되는 경우가 생긴다. 대부분 사람은 조금만 반등하면 바로 매도치고 빠져나오고 만다.

결론적으로 보면 돈과 시간, 종목의 중요함, 매수 시기까지 타이밍이 딱딱 맞아야 주식투자 손실 안 보고 투자하는 맛이 난다. 늘 말하지만, 투자는 좀 느긋한 마음을 가져야 남보다 많은 수익을 볼 수 있다. 언제나 마음이 급하면 자신 스스로 잘라먹는 우를 범하게 된다.

'이 주식은 내가 확실히 알고 있어, 나의 투자금도 급한 돈이 아니야.' 이래야 배짱이 생기고, 위기가 와도 견딜 힘이 생긴다.

국내 주식투자 성공원칙

사람들은 주식투자 성공원칙이 무엇이냐고 말하면 좋은 종목이 현저히 싸져 있다면 (밸류에이션-실적대비) 그 주식을 매수하는 게 성공확률이 높다고 본다. 뭐 현실적으로는 맞는 말이고, 그게 정석 투자인데 현실은 꼭 그대로 가지 않는 게 주식이다.

수십 년 우리 주식장을 지켜보니 기업이 돈을 잘 벌고, 무차입 경영에 고성장까지 하는데도 주가는 맨날 그 자리에서 뱅뱅 도는 기업이 대부분이고 어이없게도 별 볼 일 없는 기업 주가는 날아가는 걸 우리는 늘 보고 있다. 대한민국 주식은 솔직히 종잡기 어렵다. 기관과 외국인 세력 마음 따라 테마도 만들고 이 섹터, 저 섹터 만들어 올리는 게 국내 증시다.

그러나 어느 정도 투자금을 가지고 주식을 한다면 나름의 원칙을 세워 놓고 주식에 투자해야 한다. 그러니까 자기만의 기준이 확실해야 주변 가짜 정보에 휘둘리지 않고 안정된 주식을 할 수 있는데 그러지 못하면 귀가 얇아져 이 주식 저 주식 손대다 보면 내 계좌는 눈 녹듯 녹아 들어간다. 그런데 주식을 하다 보면 내가 세운 원칙을 내 스스로가 깨는 경우가 누누이 발생한다.

처음 계획대로 본인이 잘 알고 있는 그 종목만 하는 게 아니라 트릭 정보로 인하여 모르는 종목을 사고파는 일이 발생한다. 그렇게 되면 내 계획이 무너지면서 연속해서 엇박자 투자를 하게 되는데 손실 종목이 늘어나면 본의 아니게 중기로 가져가는 투자종목이 된다. 투자금은 한정되어 있는데 어쩔 수 없이 시장에 끌려갈 수밖에 없다.

이런 경우 내 투자방식은 내가 늘 사 모으고 싶었던 주식만 남기고 싹 팔아버린다. 물론 속은 쓰리지만 잘못된 투자였기에 손실은 감수해야 한다. 그러나 실수한 종목을 몽땅 손절하고 나면 그때부터 마음도 편안하고, 새로운 희망이 보이기 시작한다.

위험한 주식투자는 필연적으로 자신만의 매수와 매도 원칙을 꼭 암기하고 있어야 하고, 그래야 위기와 기회가 오면 대처하는 데 순탄하게 처리가 된다.

제12장

투지의 세계는
빠를수록 좋다

앞으로 시대는 주식이 최고의 투자수단이다

　필자가 서울 수도권 생활 50년을 뒤돌아보면 60~70년대는 사업하기 너무나 좋은 여건이었다. 어느 분야든지 물자가 부족했으니 엉터리로 만들어도 잘 팔리는 시대, 그에 비해 공장용지도 싸고 지금처럼 환경 같은 거 안 따지고 일할 사람은 밥만 먹여줘도 일하겠다고 모여드니 일할 사람이 차고 넘쳤다. 또한 사장 맘에 안 들면 언제든지 자를 수 있고, 이렇게 나열해 보니 그때는 정말 대한민국 땅에서 제조업을 한다는 건 하늘이 내린 대복을 받은 사람이라고 말할 수 있다.

　80~90년대는 자영업의 황금기라고 볼 수 있다. 경제성장률이 높고 도시화가 본격적으로 이뤄지는 때라 '한강의 기적'이라고 말할 정도였는데 노동자까지 돈이 넘쳐났다. 장사하는 입장에서 보면 사방에 돈과 사람이 홍수를 이루니 물 반 고기 반. 시골에서 청년들이 벌어 먹고살기 위해 서울로, 서울로 쏟아져 올라오니 무슨 장사를 해도 북새통이었다. 인건비도

싸고 재룟값도 무지 쌌다. 지금처럼 카드가 있을 때도 아니라 세금이 없다시피 한 때였다. 그야말로 많이 팔면 다 남는 그런 시절이었다. 어떻게 보면 그때 장사꾼 기질이 조금만 있는 사람이라면 돈을 긁었다고 보면 된다. 이런 세월은 2000년 초까지는 통했다.

그러나 2000년 중반기부터는 인터넷이 등장하면서 IT 바람이 불기 시작했는데 그동안 잘 나갔던 중소기업과 자영업을 서서히 밀어내면서 IT를 기반으로 한 청년사업가가 튀어나오기 시작했다. 이쪽으로 일찍 눈뜬 자들은 큰 투자 안 하고 머리와 손가락으로만 초대박을 친 그런 시기였다. IT 시대 이전에는 투자도 많이 해야 사업을 할 수 있었고, 순전히 몸으로 돈을 벌던 시대였다. 반면 인터넷이 판을 바꿔놓았다.

훌쩍 건너뛰어 2024년 현재, 중소기업과 자영업 환경을 한번 살펴보자. 60~70년대 기업하기 좋던 것들은 정반대의 실정이 되어있고, 1980~2000년대 자영업 황금기는 한마디로 초토화된 지 오래다. 여기다 부동산 강풍에 인구는 줄고, 물가는 하루가 다르게 올라가는데 돈값은 자고 나면 떨어진다. 공룡 같은 거대 물류 유통업체는 무엇이든 시키는 대로 다 배달해주겠다니 앞으로 개인이 무엇을 하여 큰돈을 벌어 부자가 될 수 있을까?

단언컨대 주식밖에 없다고 생각한다. 미국처럼 좋은 주식을 저축하듯 사모아야 나의 노후를 지켜주리라 본다.

포스코홀딩스를 사야 하는 이유

국내 증권사들은 "포스코홀딩스 사라, 80만 원은 간다."고 말한다. 각종 매스컴에는 '포스코, 이젠 전기차 소재 영토확장', '소재사로 변신 속도' 등의 기사가 나오고 있다. 얼마 안 가서 그룹 차원에서 전기차 생태계를 어느 정도 완성하게 된다. 배터리 소재사 관계자는 "차량 조립과 배터리 셀을 제외하면 전기차의 거의 모든 공급망에 포스코가 들어왔다."며 "철강그룹에서 성공적으로 사업을 재편했다."고 말한다.

포스코는 광양에 배터리 소재사를 총집결시키고, 포스코퓨처엠의 대규모 증설로 양극재 초격차를 만들고 있다. 수많은 매스컴을 통해 드러난 포스코의 앞날은 대단히 밝아 보인다. 더 깊이 공부를 하다 보면 포스코그룹의 신뢰도가 확실히 높아지고, 투자를 안 할 이유가 없어 보인다.

이왕 투자를 한다면 단번에 사지 말고 변화 추이를 보면서 분할로 홀딩스와 퓨처엠을 반반씩 사모아서 내 투자금 50~60%를 1~3년 장기로 가져가는 게 큰 수익을 볼 수 있다고 보여진다.

다행히 지금은 2종목이 많이 하락하여 조금씩 모아가기 좋은 가격대에 와 있다. 예를 들어 포스코홀딩스를 1차로 29만 원에 5% 사고, 2차 27만 원대, 3차 25만 원대 이렇게 사모아 평균단가를 최대한 낮춰 놓아야 길게 가져가기가 좋고 많은 수익을 볼 수 있다.

최종 매도 목표가격은 80만 원을 정해놓고 기간은 1~3년. 70만 원대 올라오면 30%씩 본격적으로 매도한다. 마지막 약 20%는 남겨두고 끝까지 가져가 본다. 얼마까지 갈지는 아무도 모르기 때문에 수익 극대화로 가야 한다.

결론은 포스코 2종목은 지금부터 장기플랜대로 5%대 빠질 때마다 다른 종목을 팔아서라도 이 주식을 사모아 가야 1~2년 지나면 대박을 한 번쯤 맛보게 되지 않을까.

장인화 뉴포스코 선언, "2030년 배터리 소재 영업이익 철강 넘어선다. 2차전지 매출 비중 30%로 확대"

장 회장이 내놓은 해법은 크게 2가지다. 철강은 원가 경쟁력을 끌어올려 중국기업에 맞서고, 2차전지와 신소재 분야를 키워 미래 먹거리로 삼는다는 것이다. 그렇게 전통 철강기업을 넘어 소재 전문기업으로 거듭나겠다는 비전을 세웠다.

매출 5조 원 신소재 기업 발굴

포스코가 공개한 '미래비전 2030'은 철강, 2차전지 소재, 신소재 등으로 구성됐다. 일시적 수요 정체에 빠진 2차전지 소재 분야는 내실을 다지는 기회로 삼기로 했다. 배터리에 들어가는 양극재, 음극재를 생산하는 포스코퓨처엠 등은 고객사의 상황을 보고 투자 시점을 조절하기로 했다. 반면 배터리 원료가 되는 리튬과 니켈 등 원자재 투자는 대폭 늘리기로 했다.

장 회장은 "칠레, 아르헨티나 등 남미 염호와 북미, 호주의 광산, 자원 회사와 협업 등 우량자원에 대한 투자방안을 확정했다."라고 설명했다. 캐즘 여파로 니켈, 리튬 가격이 떨어진 걸 오히려 투자 확대 기회로 삼은 것이다.

신사업 발굴 적극 나서

연구진과의 연계를 통한 산업과학연구원과 손을 잡고 전기차와 UAM에 들어가는 첨단소재와 부품 소재를 개발하고 있다. 여기에 모터용 금속 소재나 리사이클 기반 탄소 소재 등에서도 결과물이 속속 나오고 있다. 포스코는 신사업에서 몇 년 내 5조 원 이상의 매출을 올릴 것이라고 말했다.

이를 통해 현재 그룹 영업이익의 65%를 담당하는 철강 비중을 2030년까지 35%로 낮추고 이익 기여가 전혀 없는 2차전지와 신소재 분야 비중을 40%로 끌어올리기로 했다.

포스코 관계자는 "현재 70조인 그룹 시가총액을 2030년까지 200조 원으로 끌어올려 '몸값' 기준으로 글로벌 1위 소재 기업으로 올라서겠다."고 선언했다. (《한국경제신문》에 나온 내용에서)

개인 투자가들은 욕심 때문에 망한다

개미들은 주식투자를 쉽게 생각하고 단순하게 사고 있다. 투자한 종목이 7~8%만 올라가도 떨어질까 봐 얼른 팔아치운다. 반대로 주식이 떨어질 때도 더 떨어질까 봐 쉽게 손절매하는 경우가 허다하다. 손해는 보았지만 큰 손해를 볼까 봐 손절하는 것이다. 심지어 많이 손실 본 주가가 본전 가까이 회복되면 팔아치우려고 목이 빠지게 기다린다. 이런 투자를 할바에 주식투자를 왜 하는지 모를 일이다.

주식투자 초보자들은 바른 투자관을 갖고 있지 못하다. 늘 조급하게 수익을 내고 싶은 욕심에 선택한 기업이 결실을 맺을 시간도 주지 않고 그때그때 주가 움직임에 따라 주식을 사고팔기를 반복한다. 정석 투자는 기업이 성장하면서 주가가 따라올라 주주가 투자에 따른 수익을 실현하는 것이다. 투자자 본인의 판단으로 오를 것을 예측하여 주식을 사고파는 건 어찌 보면 투기나 다름없다. 자세히 보면 상당히 위험한 투자라고 볼 수 있다.

　현명한 투자는 안정적으로 고성장하는 기업에 투자해두는 것이 길게 보면 높은 수익을 낼 수 있다. 필자 역시 초창기 주식투자 방식은 기술적인 분석만 잘하면 대박을 터트릴 줄 알았다. 많은 사람의 파동 원리에 대해 하는 주장이 기술적 분석에 대한 믿음을 심어주었다. 물론 기술적 분석이 투자하는 데 어느 정도는 도움을 줄 수도 있겠지만 여기에만 의존하는 투자는 바른 투자가 아니고, 꾸준한 수익도 불가하다는 걸 알게 된다.

　전 세계 경제와 주식투자 역사를 공부해보면 투자에 대해 차츰 눈을 뜨게 된다. 역사는 반복된다. 주식투자도 마찬가지다. 주식시장의 역사를 알면 우리 주식시장 앞날도 예측할 수 있다.

　현명한 주식투자자라면 돈의 흐름을 아는 것이고, 장기적인 안목으로 내일의 고성장 1등 기업을 발굴하여 그 기업의 주주가 되는 것이다.

주식시장에 비관이 팽배할 때 주식을 분할로 살 때다

주식투자를 하다 보면 돌발사태, 갑자기 주식판이 미친 날이 있다. 얼마 전 특별한 이유 없이 미국 경기침체 말이 나오면서 주가가 좀 내렸는데 겁을 먹은 우리 코스피가 100P가 갑자기 빠졌다. 장이 끝나 저녁에 보니 모두가 경기침체와 이란, 이스라엘 전쟁이다 했지만 그렇게 폭락할 이유가 안 되는 거로 보고 넘겼는데 다음날 금융위기 때나 볼 수 있는 200P 이상 더 빠지는 걸 보고 모두가 깜짝 놀랐다. 뭐 이건 폭락 수준이 아니라 패닉에 가까울 정도의 장이 개판 되었다.

장이 끝나 저녁부터 난리가 났는데 온통 비관적인 내용들이 쏟아져 나왔다. 더 무서운 폭락 장이 닥칠 것처럼 떠들어댔는데 폭락의 이유는 엔 캐리 트레이드 청산으로 밝혀졌다.

물론 그날 밤 미국 장도 큰 폭 하락을 보였는데 대부분 전문가는 앞으로 장을 부정적인 관점으로 보는 사람이 많았다.

필자는 패닉이 온 저녁에 영상을 올렸는데 특별한 이유 없이 패닉이 왔다면 걱정할 것 없이 다음날 시가 때 깊은 하락이 올 확률이 높으니 무조건 매수로 대응하자, 이건 나의 경험치로 볼 때 분명히 급등이 나온다고 말했는데 다음날 동시호가만 하락을 주고는 바로 급등이 시작되었다.

이렇듯 주식의 매수기회는 비관이 팽배할 때가 역발상으로 보면 절호의 매수할 때라고 보면 된다. 난 어떤 종목을 사느냐가 더 중요할 것이다. 당연히 그동안 잘 가던 종목이 얼떨결에 왕창 빠진 종목이 회복할 때 제일 먼저 많이 오른다.

주식은 늘 많이 떨어지면 올라가고, 올라가면 또 조정받고 그러하듯 언제 있었냐는 듯 며칠 만에 주가가 올라 제자리 찾기를 하였는데 왜 이런 엉뚱한 일이 생기느냐는 나의 경험치로 볼 때 전반적으로 장이 안 좋을 때 나타나는 현상이라고 본다. 앞으로 이런저런 장이 오래갈 확률이 높다는 것이다.

결론은 이런 장이 도래하면 겁먹지 말고 매수로 대응하는 게 정답이다. 이렇게 급락 이후 급반등 시 짧게 수익을 내고 나와야 물리지 않는다. 그러다 2차 하락이 나올 수가 있기에 유의해야 손실을 막을 수가 있다. 이렇게 큰 폭 변동성이 생기면 무조건 현금을 50%는 확보해 둬야 아무리 떨어져도 걱정이 덜 된다.

주식으로 부자 되려면 중요한 것 한 가지, '찰리 멍거'

좋은 기업을 선택하고 그들의 성장이 지속될 것이라고 믿는다면 그냥 그 주식을 사서 장기적으로 보유하는 것이 훨씬 더 효과적이다. 우리가 투자하는 기업은 그들의 제품과 서비스가 소비자에게 유용하고 경쟁에서 우위를 점하고 있으며 미래에도 번창할 것이라는 확신이 있어야 한다. 이를 위해서는 몇 가지 간단한 질문을 해보자. 이 기업의 제품은 사람들이 필요로 하고 있는가? 경쟁사보다 나은 점이 무엇인가? 이 기업은 앞으로도 계속 돈을 벌 수 있을 것 같은가?

복리의 마법을 이해하라

워런 버핏과 필자의 성공 비결 중 하나는 복리를 이해하고 그 힘을 최대한 활용한 것이다. 돈을 빨리 불리는 것보다 돈을 꾸준히 불리는 것이 훨씬 더 중요하다. 복리의 마법을 실현하려면 시간이 필요하다. 그래서 중요한 것은, 주식투자는 단기적인 시각이 아닌 장기적인 시각으로 접근해야 한다는 점이다. 시간이 복리를 만든다. 주식시장은 종종 위기와 호황을 반복하지만, 장기적으로 볼 때 시장은 상승해 왔다. 따라서 불필요하게 단기 변동에 신경 쓰지 말고 오래 기다릴 수 있는 인내심을 가져라.

한 분야에 집중하라

대부분 사람이 여러 가지 다양한 주식에 투자하고 싶어 하는 것을 이해한다. 그러나 실제로는 자신이 잘 아는 몇 가지 주식에 집중하는 것이 훨씬 더 효과적일 수 있다. 우리도 초기에 굉장히 많은 주식에 투자하지 않았다. 몇몇 훌륭한 주식들을 철저히 분석하고 그것들에 집중했다. 확신이 있다면 더 크게 투자하라. 이는 필자와 워런 버핏이 오랫동안 성공적으로 사용해온 전략이다. 모든 것에 투자하려 하지 말고, 여러분이 정말로 자신 있게 설명할 수 있는 몇 개의 고성장 기업에 집중하라.

사람들이 두려워할 때 용기를 가져라

필자가 이 말을 하지 않았다면 워런이 했을 것이다. 다른 사람들이 탐욕스러울 때 두려워하고, 두려워할 때 탐욕스럽게 행동하자. 주식시장에서 사람들은 감정에 휘둘리기 쉽다. 특히 시장이 크게 떨어질 때 대부분 사람은 두려워서 주식을 팔려고 한다. 그러나 오히려 이런 순간이 기회다. 유망한 기업의 주식을 싸게 살 수 있는 기회이기 때문이다. 물론 이는 무조건적인 긍정주의를 의미하지 않는다. 감정에 휩싸여 판단하지 않고, 회사의 가치를 냉정하게 평가하는 것이 중요하다. 좋은 회사가 일시적인 어려움을 겪고 있을 때가 있다면 이는 매수할 수 있는 좋은 기회일 수 있다.

복잡한 것을 피하라

투자의 세계는 복잡한 금융상품과 전략들이 많다. 하지만 필자는 이 모든 것을 피하라고 조언하고 싶다. 이해하기 어려운 문제는 그냥 넘겨버려라. 굳이 복잡한 계산과 분석을 통해 무언가를 이해하려고 하지 말라. 이해할 수 없는 것은 투자하지 않는다. 찰리와 워런이 지속적으로 성공할 수 있었던 이유 중 하나는 우리가 이해할 수 있는 것에만 투자했기 때문이다. 여러분이 아무리 똑똑하더라도 이해할 수 없는 것은 결국 문제를 일으킬 가능성이 크다. 그러므로 최대한 단순하게 투자하자. 결론은 아는 주식 몇 가지에 집중하자. 독보적인 기업을 찾아 장기투자를 하는 것이다.

제13장

꼭 알아야 할
부동산 투자
핵심 노하우

적은 돈으로 아파트 사서 부를 늘리는 방법

23년~24년 하반기인 지금은 전체 부동산이 아주 조용하다.

물론 서울 일부분 아파트만 그런대로 급매물이 나오면 매수자가 있다. 수도권 핵심 지역 부동산 외는 전반적으로 2차 조정기에 들어간 듯 완전 매도가 많은 시장이 전개되고 있다.

아마 이런 시장이 앞으로도 약 1년은 더 진행되리라고 보는데 그 이유는 금리가 높다, 인구가 준다, 지금도 아파트 가격이 너무 높다 등등.

예전처럼 급등하기에는 아직 분위기가 영 아니다. 부동산은 심리가 많이 좌우하기 때문에 지금은 부동산 투자가 돈이 안 된다. 토지시장은 더 안 좋다고 볼 수 있다. 아파트처럼 지가가 빠져야 하는데 막상 사려고 다녀보면 아직도 땅값이 시원하게 떨어진 곳이 전혀 없는 실정이다. 심지어 활용도가 점점 떨어지는 지방 땅까지도 한 번 올라간 땅값은 빠질 생각을 하지 않는다. 그러니 매매는 올스톱되고 모두가 관망세 위주의 시장이 전개되고 있다. 특히 쿠팡같은 유통센터가 활개 치면서 자영업이 점점 망가지고 있는데 외곽 도로변 근린생활 가능한 땅들이 수십 년째 오르기만 했다. 그런데 앞으로 갈수록 희소가치가 점점 떨어진다.

벌써 아무리 좋은 위치의 근린생활부지라도 막상 할 게 없다. 그러다 보니 땅을 사서 창고 외에는 수익 만들 업종을 유치하기가 무척 어렵다. 자칫 건물만 지어놓고 몇 년씩 세가 안 나가 골머리를 앓는 건축주가 속출하는 실정이다. 아마 앞으로도 더 이런 현상이 가속화되리라고 본다.

여러분도 땅 매수를 생각하고 계신다면 업자 말 듣고 지방 땅, 도로변 근린생활부지 등은 절대 급하게 사지 마라. 아무리 좋은 땅이 나와도 심사숙고해 보고 결정해야 한다. 도심 상가분양투자도 마찬가지다. 입지가 뛰어나고 인근 상가의 세가 비싸다 할지라도 일단 분양받는 건 깊이깊이 생각해 봐야 한다.

그러나 서울, 수도권 아파트 투자는 항상 눈과 귀를 세우고 있어야 한다. 최근 동탄에 모 아파트 재분양에 300만 명이 신청을 했고, 하남에 해약된 2가구에 58만 명이 몰린 걸 보면 아파트는 언제든지 불이 붙을 수 있다. 아마 내년 하반기 이후가 되면 큰 변화가 올 것이다. 부동산 사이클과 대선 앞, 낮아지는 금리까지 더해져 또 아파트 시대가 올 수 있다.

살면서 부동산과 주식투자는 꼭 해야 한다

필자가 이 나이 먹도록 살면서 내 주변 사람들 사는 모습을 돌아봤을 때 부동산 투자를 적극적으로 한 사람은 대부분 부자로 사는 걸 보았다. 여기에 주식투자까지 하는 사람은 분명히 경제 관념이 안 한 사람과의 차이가 많이 난다. 자산도 차이나고, 경제에 관한 생각도 차이가 난다.

우리 사회 현실을 보면 아무리 성실히 직장을 다니고 노동을 해서 모아도 은퇴 무렵 보면 달랑 살고 있는 집 한 채에 연금과 기타 현금성 자산 얼마 정도가 전부다. 그러나 젊은 나이 때부터 부동산에 관심을 가지고 투자 공부를 조금이라도 하면서 발로 뛰어다닌 사람은 40~50대가 되면 이미 경제적인 기반을 꽉 잡은 사람들을 많이 볼 수 있다. 최근에 젊은 사람이 주식투자로 수십, 수백억 원을 만들어 낸 사람도 매스컴을 통해 때때로 보인다.

옛날 어른들은 한 우물(농사)만 열심히 파라고 말씀하셨는데 지금 시대에는 그 말이 맞지 않다. 직장은 열심히 다니고 기본적인 의식주를 해결하고 어떻게든 종잣돈을 만들어 기회가 오면 그 속으로 뛰어들어야 결과가 있고 어느 정도 남을 따라는 가게 된다. 멍하니 생각 없이 살다 보면 나만 뒤처지고 만다. 물가는 하루가 다르게 오르고, 돈값은 마구 떨어져 점점 살기가 어려워지고, 소위 말하는 나만 벼락 거지가 될 확률이 높다. 하여 투자는 기회가 오면 무조건 실행이 답이다.

최근 어느 신문을 보니 부자들은 눈뜨면 경제신문과 경제뉴스를 제일 관심 있게 본다는데 일찍 자고 운동과 건강을 챙기고 부동산과 주식을 면밀히 관찰한다고, 또 다른 점은 보통 대부분 사람은 1년에 책 한 권도 안 보는데 이 사람들은 책을 많이 읽는다는 것, 결과적으로 부자들은 자기 관리가 철저하다고 봐야 한다.

24년 올해는 경기가 나빠 투자 쪽으로 보면 별 재미가 없는 해라고 봐야 한다. 리스크 차원에서 가능한 관망 자세로 가야 할 것 같고 추위를 보면서 주식이든 부동산이든 계속해서 관심을 유지해야 한다.

시장이 무너진 빌라 주택, 내년에 소액투자로 사면 2~3년 후 큰돈 된다

지금은 무너지고 있는 빌라 주택이지만 분명히 2~3년 후는 정반대의 현상이 생길 거라고 본다. 그렇게 본다면 내년에 빌라투자도 어찌 보면 좋은 기회라고 봐야 한다. 24년 여름, 현재 분위기는 깡통전세 경매가 쏟아져도 서울 빌라 낙찰률은 10% 대로 뚝, 똘똘한 한 채 선호에 찬밥신세다. 실거주, 투자자 모두 외면한다.

빌라시장의 봄은 언제 오나. 수도권 아파트 매매가가 상승추세로 돌아섰고 서울 아파트는 전고점을 넘보는 단지가 나왔지만, 빌라시장은 연일 악화일로다. 22~23년도 전세 사기와 역전세 등으로 초토화된 데다 거래 절벽 속에서 현재 전세가와 매매가가 동시에 내림세다. 경매시장에서도 낙찰률이 10%대로 주저앉았다. 빌라 소유자들은 아무도 찾지 않고 가격은 계속 내려가는 최악의 상황으로 가고 있다면서 빌라시장을 정상화해 달라고 호소하고 있다.

빌라시장이 초토화된 이유는 복합적이다. 전세 사기 이후로 빌라전세 수요가 급감했다. 그 때문에 사실상 기존 전세를 공급 중이던 빌라보유자들은 보증금을 돌려주지 못해 부도 위기다. 집을 팔아서라도 보증금을 돌려주고 싶지만, 집이 팔리지도 않아 진퇴양난이다.

이대로면 2~3년 후 공급절벽, 여기다 무섭게 뛰는 건축비까지 정말 올해가 빌라시장은 올해가 분명 최악으로 치닫고 있는 실정이다.

늘 지나서 보면, 어떤 투자라도 주식용어를 빌리자면 패닉이 왔을 때가 가장 투자하기 좋은 기회였다는 걸 역사는 말해주고 있다.

서울과 핵심 지역에 몰려있는 빌라, 지금부터 아무도 거들떠보지도 않을 때 좋은 입지의 빌라를 싸게 잡아 조금만 손질하여 전·월세로 돌려놓고 2~3년 기다리면 분명히 본인 자산에 큰 효자가 되리라 본다.

기회는 아마 2024년, 25년 하반기까지 최고의 매입 타이밍이 되지 않을까?

무엇을 히여 부자로 살 수 있을끼?
- 땅에 푹 빠져보라

수십 년 동안 서울 수도권에서 살아보니 매일 돈으로 산다. 어떤 사람은 죽자고 열심히 직장 다니고 힘들게 일해도 항상 돈이 없어 쩔쩔맨다. 또 어떤 사람은 늘 돈 걱정 없이 풍족하게 산다. 이유는 뭘까? 부모 재산으로, 아니면 많이 배워서 등으로 생각할 수 있겠지만, 필자가 생각하는 차이는 경제 관념 차이이고, 부동산을 아는 사람과 부동산을 모르는 사람의 차이에서 비롯된다. 부동산 투자는 똑똑하고 대단한 사람만 하는 게 아니다. 관심과 기회 포착이고 실행의 차이이다.

일명 시대 흐름에 따라 좋은 기회가 왔다면 이것저것 너무 재지 말고 냅다 질러야 하는데, 손이 작은 사람들은 이유가 많다. '나는 돈이 없다.' 단정하고 아예 관심도 안 두고 포기하고 산다. 바로 그 차이가 부의 차이를 결정한다. 옆에서 이런 사람들을 보면 너무 안타깝다. 필자도 한때 세상만을 원망했지만, 저돌적으로 그 속으로 뛰어들어보니 남보다 빨리 경제적인 자유가 따라왔다.

큰 부자들이 생각하는 부동산 투자의 진짜배기는 땅이라고 했다. 땅을 가진 자가 돈을 지배한다. 필자의 나이 30대 중반에 부동산 투자에 푹 빠져들 때 오래된 주택을 사서 수리하여 팔거나 분양아파트 3순위에 청약하여 당첨되면 그 자리에서 얼마의 프리미엄을 받고 파는 방식으로 재미를 봤다. 이 방법으로 맛을 보니 하던 장사는 뒷전이고 그 일에 빠지기 시작했다. 아파트 분양시장과 임대주택까지 파고들어 맛을 본 후 앞뒤 안 보고 더 큰 욕심을 내어 투자했다가 한 방에 다 날리기도 했는데, 그 이후는 재개발, 재건축 딱지에 뛰어들어 조금씩 벌다가 1990년대 중반경 땅투자에 눈을 돌렸다. 땅은 알면 알수록 무한한 매력이 있었다. 한마디로 필자의 마음을 흥분시키고 춤추게 하는 매력 덩어리였다. 물론 다른 좋은 직업으로 돈을 많이 번 사람도 있겠지만 보통 사람 중 부자로 사는 사람의 대부분은 자나 깨나 돈이 될 만한 부동산에 온통 관심을 두는 사람이 많다.

겨울에 동남아라도 나가 골프를 치고 시원한 저녁에 동반자들과 얘기를 나눠보면 하나같이 부동산으로 재미를 본 사람들이다. 자영업을 하는 사람 중에서도 열심히 하여 여윳돈이 생기면 융자를 받아 부동산에 투자하는 사람은 한참 지나서 보면 자기 건물에서 장사를 하고 있는 예가 많다.

그러나 확실한 필살기가 없이 장사하는 사람은 늘 남의 임대상가에서 장사를 하고 있다. 자영업 하는 사람은 항상 현금을 가지고 있어야 안정적인 계획을 세울 수가 있다. 물론 여윳돈이 생기면 더 좋은 집을 마련해야겠지만 미래에 본인의 상가를 지을 수 있는 땅을 찾아보고, 관심을 집중해야 좋은 결과를 얻을 수 있다. 사업이 잘되면 이것저것 따지지 말고 미래 가치가 있는 좋은 땅을 사 모으라는 것이다. 그래야 꿈이 현실이 된다.

변수가 많은 땅, 핵심 요점정리

• 땅 부자가 되고 싶다면 '33질문'을 먼저 공부해 두자!

1. 앞으로 땅 투자는 도로변 비싼 땅 투자시대는 저물고, 지역의 중요성과 '돌연변이 땅'이 미래에 돈이 된다(예 : 뷰, 도심 주변 싼 농림, 저렴한 창고부지).

2. 마음에 드는 땅이 보이면 매도자가 무슨 이유로 땅을 팔려고 하는지 먼저 파악하라. 순수한 자연 그대로의 땅인지, 돌고 돌아다니는 땅장사의 땅인지, 진입로 문제부터 모두를 파악하라. 주변에 물어보면 알수 있다.

3. 조건이 좋고 급해서 판다는 땅, 아무리 깎아내려도 거래를 하려고 한다면 그런 땅은 사지 마라. 깊은 사연이 있다.

4. 이런 땅을 갖고 싶다. 땅 투자 최우선 순위는 언제라도 팔고 싶을 때 바로 매매될 수 있는 땅이다. 즉, 나도 좋아 보였지만 다른 사람 눈에도 좋아 보이는 땅이 '1순위 물건'이다.

5. 보석이 될 만한 땅이 보였다면 이리저리 재고 망설이다 보면 기회를 놓치고 후회한다. 부동산 상승기에는 무조건 속도전이다. 돈 따지지 말고 매수하라.

6. 조금 하자가 있거나 약점이 보이는 땅은 싸게 사라. 맹지나 모양이 안 좋고 돈이 급한 땅, 상속 등으로 복잡하지만 등기부상 하자가 없으면 싸게 잡을 수 있다. 느긋한 마음으로 기다리면 좋은 결과가 있다.

7. 택지개발, 전원주택 용지로 잘 만들어 놓은 땅은 사지 마라. 진짜 돈 되는 땅은 자연 그대로의 땅이다. 택지로 조성된 땅은 투자용이 아니다. 이미 다 빼먹은 땅으로 손해를 볼 수 있다. 여기다 집을 짓게 되면 팔기도 어려워진다. 이런 곳에 모양 좋게 만들어 둔 단독 타운 하우스는 사는 순간 손실만 본다.

8. 보유하고 있는 내 땅을 팔라고 부동산중개사로부터 계속 연락이 온다면, 먼저 내 땅 주변에서 무슨 일이 일어나고 있는지 파악하는 일이 첫 번째다. 그다음 이 모든 변화를 확인한 후 최종 결정을 해도 늦지 않다.

9. 땅은 겨울에 사는 것이 좋고, 파는 것은 봄이 좋다. 사람에 따라서 계획적으로 겨울에 조금 싸게 파는 사람이 많기도 하고, 아무것도 없는 겨울에 땅을 보면 더 잘 보인다.

10. 어렵게 결정하여 마음에 드는 땅을 샀다면 5~10배 이상 남지 않으면 팔지 마라. 세월을 기다리면 복이 온다.

11. 투자하고 싶은 땅을 샀으면 가능한 한 단기로 팔려고 부동산 사무소에 내놓지 마라. 부동산을 기웃거리다 보면 어렵게 잡은 돈벼락 기회가 날아간다.

12. 땅을 산다는 건 대단한 용기다. 어렵게 매입했다면 주변에서 아무리 좋은 조건으로 팔 것을 종용해도 기다려라. 그래도 찾아오면 10배 이상 가격을 높여 불러라. 아마 좋은 결과가 있을 것이다.

13. 땅은 못 팔까 봐 걱정할 것도 없고, 또한 그 땅을 못 살까 봐 걱정할 필요도 없다. 무리해서 팔면 무조건 손실이 크다. 사고 싶은 땅도 서두르면 생각지도 않은 무리수가 생긴다. 땅은 순리대로 하라.

14. 땅도 시간이 지나면서 변화가 있다. 측량을 해보면 줄어드는 경우도 있다. 욕심을 내어 담보를 맡기고 사업이나 주식투자, 갭 투자를 하다 보면 땅은 도망간다.

15. 좋은 땅은 오래 묵히면 주인에게 풍요를 선물하고, 살아가는 데 심리적인 안정과 자식들에게 효도까지 받는다.

16. 좋은 땅은 6년 이상 보유하면 인삼이고, 10년만 가지고 있으면 산삼으로 변한다. 계속 보유하면 부자 소리도 듣고 가정도 화목하다.

17. 미래를 보고 땅을 산다면 비싼 도로변 작은 앞 땅을 사지 말고, 싼 뒤쪽 땅을 사라. 오래 소유하다 보면 앞 땅이 도로확장 등으로 잘려나가는 경우가 많다. 뒤쪽 땅이 앞 땅이 된다.

18. 앞으로의 시대는 남들이 쳐다보지 않는, 길 없는 맹지를 사라. 세월이 지나면서 지적도 변경이 생기므로 뒤쪽 땅, 맹지 땅을 사두면 주변 땅과 합병이나 옆 땅이 함께 매도 요청이 있다. 결국 길이 나게된다.

19. 사고자 하는 땅이 현 소유자 앞으로 오랜 세월 묵힌 땅이라면 따질것 없이 사라.

20. 자연 땅으로 다른 사람에게 한 번도 넘어간 적 없는 땅이라면 '대박 땅'으로 잡으면 큰돈을 번다. 반대로 중개업소마다 돌아다니는 '걸레 땅'은 잘못 사면 팔기 어려운 '상투 땅'으로 큰 손실을 볼 수 있다.

21. 전원주택지나 형질변경, 꺼진 땅을 반듯하게 만들어 둔 땅들은 사지

마라. 이미 다 뽑아먹은 땅이다.

22. 언젠가 제주도, 세종시 주변처럼 '토지 붐'이 일기 시작한 지역에 땅을 사려고 할 때는 너무 재다 보면 사기, 또는 때를 놓친다.

23. 땅을 보러 다녀보면 건축허가가 난 땅이 있다. 이런 땅은 땅 주인이 별 연구 다 해보고 답이 없으니 팔려고 하는 것이므로 안 사는 게 답이다.

24. 지분으로 된 토지는 사고팔기 복잡하게 얽힐 수 있다. 골치 아픈 땅은 안 사는 게 좋다.

25. 보기 좋게 합병된 땅은 사지 마라. 많은 변수가 들어 있다.

26. 사고자 하는 옆 땅이 얼마 전에 매매가 되었다면, 거기에 붙어 있는 땅은 사지 마라. 무슨 용도로 변화가 올지 아무도 모른다.

27. 넓은 하천변 땅은 사지 마라. 홍수가 나면 땅이 조금씩 쓸려 내려간다.

28. 역발상으로 축사 옆이나 오염지역 공장 주변 땅은 사라. 땅값이 헐값이다. 세월이 가면서 변화가 생기고 정상적인 가격을 받을 수 있다.

29. 가능하면 급하게 땅을 팔기 위해 부동산중개사무소 여러 곳에 다니지 마라. 약점이 잡혀 팔기 어려워진다. 그러다 보면 제 가격을 받지 못해 손해다.

30. 마음에 드는 땅을 잡았으면 보석처럼 간직하고 자랑도, 소문도 내지 마라.

31. 땅을 샀으면 '이 땅에 무엇을 할까.' 하고 쓸데없는 고민을 하지 말고 가만히 그대로 두라. 뭔가 시작하게 되면 돈만 투자되고 팔기도 어려워진다.

32. 상업지든, 주택지든, 어떤 땅이라도 가능한 한 건축은 하지 마라. 땅은 그대로 가지고 있다가 땅으로 팔아야지 욕심을 부려 건축을 하게 되면 건축업자만 웃는다.

33. 땅 주인이 다르고, 건물주인이 다른 집이 있다. 이런 집은 가능한 한 사지 마라. 한 사람으로 해결책이 없기 때문에 팔려고 나와 있는 경우가 더 많다.

좋은 땅은 어떤 계기만 생기면 올라간다

사람이 모이는 곳은 땅값이 올라가고, 새로운 길이 생겨도 땅값이 올라간다. 또 산업단지나 뭔가 새로운 이야기만 돌아도 땅값은 올라간다. 주식이 많이 올라가면 그 끝에 분명히 집값과 땅값이 올라간다. IMF 때나 리먼브라더스 사태 당시를 기억해보면 생각지도 못한 어떤 돌발적인 계기가 누구는 파산이라는 아픔이, 또 어떤 사람에게는 하늘이 준 기회였음을 깨닫게 된다.

지금 온 세상을 공포로 몰고 가는 코로나19로 대 공황에 직면해 있지만, 이 일 또한 지나서 보면 지나온 두 번의 경험처럼 희비가 엇갈릴 것이다. 실패하느냐, 새로운 기회를 잡느냐는 각자의 운에 달렸다. 늘 기회를 잡는 사람은 미리 준비하고 공부하는 자가 잡게 되고, 실패한 사람은 돈 안 되는 외형만 방만하게 키운 사람들일 것이다.

지난 세월을 돌아보면 장사를 하면서 사업은 실패와 성공을 반복했고, 주식투자는 늘 손해만 안겨주었다. 그리고 아파트 투자는 즐거움을 줬으며, 땅 투자는 필자를 춤추게 하는 에너지를 선물했다. 그래서 누구 말대로 땅은 거짓말하지 않고 황금 같은 것인가 보다. 평생 갖고 싶은 땅을 샀다면 된장처럼 오랜 세월 묵혀야 황금이 된다.

재테크에서 부동산과 주식투자는 기본방식에서는 똑같은 점이 한 가지 있다. 즉 둘 다 완전 바닥에서는 살 수 없다는 것이다. IMF 때 부동산이나 주식을 살 사람이 없다 보니 끝없이 내려가 주가는 200포인트 언저리까지 내려갔고, 부동산 가격 또한 금리가 천정부지로 올라가니 똥값이 되었다. 그렇게 최저점이 오기 전 3단계로 나눠 매수하고, 부동산 또한 아무도 쳐다보지 않을 때 입지 좋은 급매물을 골라잡아야 한다.

또 한 가지 방법은 바닥을 치고 배 정도 올라왔을 때 공격적으로 부동산과 주식을 사는 것도 좋은 방법이다. 그리고 어느 정도 본인이 생각한 만족스러운 가격이 오면 아쉬움이 남을 때 팔아야지 욕심을 부리다 매도 시기를 한 번 놓치면 오랜 기간 묵히게 되고, 주식도 계속 떨어져 원래대로 내려간다.

IMF가 닥칠 때와 2008년 금융위기 때 필자는 주식을 많이 하고 있었고, 부동산도 어느 정도 보유하고 있었다. 그런데 주식은 철저히 망가지다시피 다 털리고 나니 순식간에 1,000포인트까지 올라갔는데 아무것도 모르는 개미들은 철저히 팔아치웠고, 세계적인 투자 꾼들은 그때 큰돈을 가지고 들어와 왕창 큰 수익을 내고 빠지고 나니 재차 400포인트까지 하락한 후 긴 조정을 보였다. 부동산도 결국은 똑같은 형태를 보이고 앞서거니 뒤서거니 할 뿐 급등락을 반복하게 된다.

대한민국 지도 공부와 가치 있는 부동산 답사에 미쳐라

빨리 많은 돈을 벌고 싶으면 취미생활로 우리나라 지도 공부를 하고, 경제신문을 보고, 부동산 답사에 미쳐보라.

이유 불문하고 이대로만 한다면 지금 여윳돈 한 푼이 없는 당신일지라도 10년 내 부자의 대열에 합류하리라 본다. 단언컨대 절대 빈말이 아니다. 이 책을 본 순간부터 앞의 내용을 잘 실천하고, 당장 경매 공부부터 시작하라. 부동산 투자의 기회는 늘 준비하는 자에게 포착된다.

대한민국 부동산 투자판을 바꿀 미래 유망지 땅은 눈만 크게 뜨면 모두 돈이다. 제일 먼저 차지한 사람만 성공하는 것도 아니고, 제일 늦게 눈치를 챈 사람이 실패만 하는 것도 아니다. 땅에도 돈 되는 임자는 분명 따로 있다. 땅의 본질을 아는 것과 모르는 것은 본인 앞날의 '부의 양극화'를 가르는 분기점이 된다.

손바닥만 한 대한민국이다 보니 산지나 농지를 다 빼고 나면 앞으로도 계속 좋은 땅 뺏기 전쟁일 수밖에 없다. 제주도에 부동산을 구입한 중국 사람들이 하는 말을 들어보면 남한 땅은 보물이라고 한다. 결국 그 보물을 누가 알아보느냐의 싸움이다.

필자도 현재 가진 땅은 그렇게 많지는 않지만 30년 부동산 투자 내공을 쌓아왔기에 언제든 더 큰 땅 부자가 될 수 있는 조건을 갖추었다고 생각한다.

여러분에게 팁 하나를 드리자면 경제신문을 많이 봐야 한다. 이는 재테크 대가들이 한결같이 하는 말이기도 하다. 그리고 중요한 것은 스크랩을 해둬야 한다. 시간이 지나면 쉽게 잊어버리기 때문이다.

그러나 TV에서 하는 경제뉴스와 유튜브 등은 그냥 흘려버려도 괜찮다. 가짜들이 너무 많은 것이 현실이다. 강남을 비롯한 서울권 빌라 구입 정보에 대해서 많이들 추천하는데 대부분 매입 순간 상투라고 보면 정답이다. 경제신문을 꼼꼼히 잘 챙겨 보면 국내 경제 사정과 부동산 트렌드를 한눈에 알 수 있다. 단, 아주 중요하다고 생각되는 부분은 잘라서 본인의 방 벽면에 붙여두고 수시로 봐야 감각이 살아있게 된다. 지금 필자의 방에도 많은 내용이 붙어 있는데 눈에 띄는 것은 경기침체 시작으로 '가지고 있는 재산 지키는 게 좋은 투자!', 이런 내용은 미리 암기해두고 실천하기다.

도시가 아니라도 부의 목적은 하나

건강을 챙기며 할 수 있는 여유로운 장사와 재테크는 뭘까?

도심 창업보다 한적한 외곽에서 캠핑장 또는 카페 창업을 하는 사람이 많다. 우선 내 마음대로 꾸미고 여유롭게 경쟁 없이 할 수 있다는 장점이 있다. 주말 나들이객이 많기도 하고 도로 사정과 차량 운행이 많아져 지금의 트렌드에 부합된다. 임대료 문제도 수월하고, 주말에만 열심히 하면 평일은 여유롭게 텃밭도 일구고 취미생활도 가능하다.

그러나 무슨 일이든 장단점이 있기 마련이다. 외곽지역 창업과 전원생활의 장단점을 파헤쳐 보자. 앞에서 말한 것처럼 내가 원하는 대로 해볼 수 있다는 점이 가장 큰 장점이다. 주차 문제도 어려움이 없다. 멋진 자리에 예쁜 카페를 차려놓고 차와 음악을 즐기며 내 땅이요. 내 건물 꾸며가는 과정이 행복하다. 시간이 지나면서 땅값도 올라간다면 덤으로 성취감이 크다.

여기서 팁 하나! 외지에다 땅을 사서 식당이나 카페를 준비한다면 분명한 목표가 정해져야 한다. 노련한 사람은 장사 수익보다 땅의 부가가치를 올리는 데 목표를 둘 것이다. 그래서 미래 가치가 있는 땅을 사서 돈 되는 땅을 만들어 가는 것이다.

단점은 외곽에다 식당이나 카페를 창업하면 보기에는 근사하지만, 수익 내기는 그리 쉽지 않다는 점이다. 주말 장사이고 평일은 놀다시피 한다. 아침과 저녁 손님이 없으므로 손님 오는 시간이 짧아 매출이 없다. 처음부터 욕심은 금물이다. 어느 정도 세월이 흘러야 입소문이 나 안정이 된다. 중요한 것은 선택과 집중이다. 그 지역 특산물이나 본인만의 특별한 메뉴 한 가지로 승부를 걸어야만 주기적으로 재방문이 일어난다.

또한 손님이 많아져야 땅값도 올라가게 된다. 외지 창업에서 가장 큰 애로 사항은 직원 구하기도 어렵고, 출퇴근 문제가 있다. 마케팅도 SNS 외 딱히 하기 어렵다. 거주지와 사업장이 함께 있다면 별문제 없겠지만 주거지가 멀리 떨어져 있다면 관리가 힘들어 장기적으로 볼 때 이사를 해야 한다.

한 지역의 예를 들어보자.
강화도에 창업한 외식 카페의 현황을 보면 입지 좋고, 규모가 크고, 특색이 있는 가게들은 잘 되고, 나머지 어정쩡한 가게들은 죽 쑨다. 이렇게 장사가 안되는 가게들은 땅값도 제자리 또는 하락했고, 입지 좋고 장사 잘되는 가게들은 땅값도 많이 올랐다.

반대로 제주도를 보자.

수년 전과 비교해 보면 수많은 밀감밭이 주택지로 변했고, 좋은 길목이나 바닷가는 온통 카페나 식당이 즐비하다. 실상을 들여다보면 장사는 그리 호황을 누리는 건 아니다. 워낙 관광객이 많이 오기에 그런대로 돌아갈 뿐이다. 물론 초대박 가게들도 많이 생겨났다. 그러나 최근 몇 년간 땅을 구입하여 자신의 건물을 지어 창업을 한 사람들은, 장사에서는 현상 유지 정도만 했어도 땅값이 크게 올라 속으로 함박웃음을 짓고 있지 않을까.

이렇듯 투자에 대한 목적의식을 뚜렷하게 갖고 있어야 안심하고 원하는, 여유로운 나만의 장사와 투자, 두 마리 토끼를 잡을 수 있다.

베트남 주식투자 전망

베트남 주식투자는 국내 증권사에 가서 해외주식 계좌를 개설한 후, 베트남 동으로 환전하여 거래하면 된다. 직접 베트남 증권회사에 가서 계좌를 개설하여 거래할 수도 있다.

첫 번째 질문 : 지금 베트남 주식은 어디쯤 와 있으며, 장기적으로 어떻게 보나?

베트남 주식투자는 장기적으로 볼 때 자신의 노후와 자녀들을 위해 지금 투자의 씨앗을 뿌리기 좋은 나라다. 나열해 보면 인구가 1억 명이며, 넓은 땅과 석유와 자원이 많은 나라다. 그리고 세계의 공장으로 변해가고 있으며, 한국 기업만 7,000개 이상 진출해 있다. 한동안 리스크가 없는 나라이고, 30세 미만의 풍부한 젊은 노동력으로 미래가 밝은 나라다.

• 국내 증권사를 통하여 베트남 주식 매도 시 수익에서 양도세 22%를 내야 한다. 현지 직접 거래는 세금이 없다.

두 번째 질문 : 장기 유망기업과 종목은?

베트남 부동산이 수년째 올라왔기 때문에 머지않아 부동산은 일시하락 충격이 올 것이다. 그 틈을 타 주식시장에 유동성 장세가 온다. 우리나라가 그랬고 중국도 부동산이 꺾일 때 주식이 폭등했다. 유동성 장세가 온다면, 트로이카(건설, 증권과 은행, 보험)가 대박 조짐이 있다. 건설은 빈그룹, 빈홈, 증권은 사이공증권 등, 은행은 HDB개발은행 등, 보험은 바오비엣홀딩스, IT통신은 에프피티, CMC코퍼레이션, 필수소비재로는 비나밀크, 마산그룹 등이다. 베트남은 통신이 한동안 성장한다. 에프피티, CMC 등이 좋고, 비나밀크는 유제품 강자다. 호야팟그룹은 우리나라 포철과 같은 기업이다. 참고로 베트남 주식투자는 우량주를 사서 5년에서 15년까지 장기로 묻어둬야 아파트 한 채라도 생긴다. 필자도 2년 전부터 지속적으로 사 모으고 있다. 10년 후 필자의 노후 자금은 여기서 나온다.

필자가 10년 후까지 보는 이유와 전문가가 보는 견해는?

기업들이 한국을 떠난다. 질주하는 베트남으로……

미·중 무역전쟁 등으로 베트남 경제는 고속성장을 이어가고 있다. 올해 3분기 7.3% 성장, 제조업 성장률은 11%에 달하고, 건설, 서비스는 9%대. 베트남 경제가 이처럼 잘 나가는 이유는 중국의 생산기지를 대체하고 있기 때문이다. 미·중 무역전쟁에다 중국의 인건비가 오르면서 중국 내 공장이 베트남으로 대거 이전하고 있다. 베트남은 중국과 국경을 맞대고 있어 각 기업이 기존 운송망을 쓰면서 중국의 대체 생산기지 역할을 하기 용이한 국가다.

베트남 경제성장률이 향후 10년간 6~7% 수준을 유지할 것이라는 관측도 나왔다. 이 정도 경제성장률을 유지하면 베트남 경제 규모는 10년 내 싱가포르를 추월할 것이다. 경제 성장에 우호적인 인구 역학, 생산성이 뛰어난 노동력이 대폭 개선된 인프라, 안정적인 정치 환경 등으로 글로벌 자금이 유입되면서 베트남 경제 성장 탄력이 유지되기 때문이다.

지금 글로벌 투자자들이 베트남 스토리의 일부가 되기 위해 줄지어 서 있다. 올해 중국과 홍콩으로부터 베트남으로 유입된 막대한 외국인 직접 투자가 그 시작인데, 일본도 도로와 지하철, 자동차 산업에 대규모 투자를 하고 있다.

베트남에도 '홍강의 기적'이 온다. 우리나라 '한강의 기적'처럼 베트남도 홍강의 기적이 멀지 않았다. 세계에서 경제 성장 속도가 가장 빠른 나라. 성장 동력을 갖추고, 젊고, 역동적인 나라 베트남은 1억 명에 가까운 인구 중 평균 나이 31세. 지금도 연간 100만 명 이상의 인구가 늘어나고 있는 이 나라는 교육열 또한 높으며, 국민의 가계소득 증가로 소비시장이 크게 성장하고 있다.

베트남의 강점은 풍부한 노동력과 낮은 임금을 겨냥한 외국인 투자자금의 유입이다. 그런 반면 아직 인구의 60% 이상이 은행 계좌가 없고, 상거래의 90% 이상이 현금으로 결제가 이루어진다.